Stichwort

Internet

Ulrich Kaiser

Originalausgabe

WILHELM HEYNE VERLAG
MÜNCHEN

HEYNE SACHBUCH
Nr. 19/4083

FACHLEKTORAT:
Eric Kubitz

REDAKTION:
Marion Freundl

GRAFIKEN:
Ulrich Kaiser

KONZEPTION UND REALISATION:
Christine Proske
(Ariadne Buchproduktion)

Copyright © 1996
by Wilhelm Heyne Verlag GmbH & Co. KG, München
Printed in Germany 1996
Umschlaggestaltung: Kaselow-Design
Herstellung: H + G Lidl, München
Satz: Satz & Repro Grieb, München
Druck und Verarbeitung: Pressedruck, Augsburg

ISBN 3-453-09729-7

Inhalt

I. Das Internet im Überblick 7

    1. Geschichte des Internet................... 7
    2. »Information-Super-Highway«............ 12
    3. Zahlen und Fakten 15
    4. Funktionsweise des Internet 17
    5. Daten auf dem Internet 18
    6. Benutzer des Internet 19
    7. Möglichkeiten im Internet 25
    8. Kontrollinstanzen des Internet 26
    9. Sicherheit auf dem Internet............... 27
  10. Mögliche Weiterentwicklung des Internet ... 28

II. Zugang zum Internet 35

III. WWW: das World Wide Web 41

    1. Netsurf: Hyperlinks und anklickbare
       Karten 43
    2. Netscape: die Killerapplikation des
       Internet 44
    3. Kultur im WWW........................ 45
    4. Shopping im WWW 45
    5. Informationssuche im WWW 46
    6. Informationen im WWW anbieten 49

IV. Auf der Suche nach Informationen 51

V. Newsgroups 54

VI. E-Mail: digitale Kommunikation 58

    1. Vorteile von E-Mail..................... 58
    2. E-Mail als Killerapplikation 58
    3. Internet-Adresse 59
    4. Gateways für Internet und Online-Dienste ... 59

VII. IRC: Internet Relay Chat................. 62

VIII. Online-Dienste 63
 1. CompuServe 63
 2. T-Online 69
 3. AOL 70
 4. MSN (Microsoft Network) 74
 5. eWorld............................ 75
 6. Europe Online 76

IX. Internet-Service-Provider.................. 80
 1. Individual Network e. V. 80
 2. EUNet 81
 3. MAZ Internet Service Center (MISC) 82

X. Anhang 84
 Glossar................................ 84
 Weiterführende Literatur 93
 Stichwortregister 94
 Verzeichnis der Grafiken, Bilder und Tabellen ... 95

I. Das Internet im Überblick

Eines der faszinierendsten Phänomene in der Computertechnologie und der Entwicklung moderner Kommunikationstechniken stellt wohl das Internet, kurz Net genannt, dar.

1. Geschichte des Internet

Technisch gesehen entstand das Internet dadurch, daß einige Millionen Computer sowie Hunderttausende von kleinen und großen Netzwerken aus PCs, Workstations, aber auch Groß- und Supercomputern weltweit miteinander vernetzt wurden, so daß alle angeschlossenen Systeme miteinander kommunizieren können.

Zur Datenübertragung dienen dabei Telefon- und Datenleitungen, die Nordamerika mit Europa und den meisten anderen Ländern und Kontinenten verbinden. Der

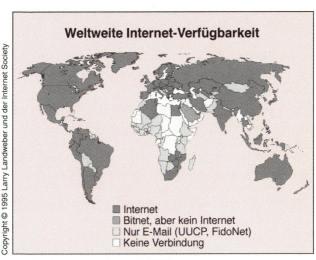

Grafik der Internet Society (ISOC)

> **Mailboxen und Bulletin Boards**
>
> Mailboxen und Bulletin Boards sind das digitale Äquivalent zu Schwarzen Brettern: Jeder, der über PC und Modem verfügt, kann eine Mailbox einrichten. Benutzer tauschen dort Nachrichten aus und laden Dateien herauf bzw. herunter.

Zugang zum Internet erfolgt entweder mit einer Standleitung oder per Modem/ISDN-Karte über einen Internet-Provider, der seinerseits eine permanente Verbindung zum Internet unterhält.

Dazu kommen Online-Dienste, *Mailboxen und Bulletin Boards*, die wie das Internet vom PC aus über die Telefonleitung angewählt werden, sowie eine Vielzahl privater und öffentlicher Netzwerke, die dem Anwender die Möglichkeit zur elektronischen Kommunikation und Information bieten. Sie sind meist über Gateways mit dem Internet verbunden, um untereinander und mit dem Internet zu kommunizieren.

Dieser Netzwerkverbund stellt eine gigantische virtuelle Bibliothek dar, in der eine unglaubliche Menge von Informationen verschiedenster Art und Qualität zur Verfügung steht.

Das Internet ist nicht »über Nacht« entstanden, sondern hat sich in den letzten 20 Jahren fortlaufend entwickelt. Aus einem Internet-Verbund von vier US-Militärcomputern wurde ein weltumspannendes Netzwerk, auf dem über 50 Millionen Menschen täglich kommunizieren und Informationen austauschen.

In den sechziger Jahren, lange bevor die Ära des PC, des »persönlichen« Computers, begann, betrieben die Streitkräfte der USA Forschungscomputer.

Um diese damals sehr teuren und seltenen Ressourcen optimal nutzen sowie Ergebnisse und Auswertungen schnell übermitteln zu können, wurden in Kalifornien 1969 erstmals vier dieser Computersysteme miteinander vernetzt. Das Projekt wurde unter dem Namen ARPANET bekannt und stellte die Keimzelle des heutigen Internet dar.

Ein wichtiges Ziel dieses Projekts bestand darin, die Ressourcen für den Verteidigungsfall so zu vernetzen, daß auch im Falle der Zerstörung einzelner Computer im ARPANET durch das Militär der Sowjetunion weiterhin alle Daten sowie ausreichend Rechenkapazität zur Verfügung stünden.

Das Internet ist also kein definitiv festgelegtes, klar abgegrenztes Netzwerk, sondern vielmehr ein Konglomerat aus ganz verschiedenen Netzen und Diensten, die miteinander durch eine Vielzahl an Verbindungspunkten verknüpft sind. Es läßt sich damit als ein dezentrales System beschreiben, das aus dem »klassischen« Internet sowie verschiedenen anderen Netzen und Online-Diensten besteht.

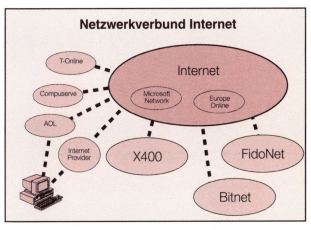

Im Internet wachsen heute verschiedene Netze und Dienste zu einem globalen Netzwerk zusammen.

Die Internet Story

1969 ARPANET, überregionales Netzwerk aus vier Computern der Defense Advanced Research Projects Agency (DARPA) verbindet die University of California in LA (UCLA), die University of Santa Barbara, die University of Utah in Salt Lake City und das Stanford Research Institute (SRI).

1972 50 Forschungseinrichtungen in den USA sind an das ARPANET angeschlossen.
Der Service FTP (File Transfer Protocol) ermöglicht die Übertragung von Dateien zwischen den Rechnern.
E-Mail (Electronic Mail) wird zur Kommunikation zwischen den ARPANET Benutzern eingeführt.

1976 Mailing-Lists entstehen, Diskussionen zu verschiedenen Themen, die man als Teilnehmer abonnieren kann. Nachrichten und Beiträge zu dem gewählten Thema werden per E-Mail verschickt.

1977 111 Rechner sind im ARPANET verbunden.
TCP/IP (Transmission Control Protocol/Internet Protocol) wird erstmals als Form für sichere Datenübertragung eingesetzt.

1978 AT&T (die amerikanische Telekom) ergänzt Unix, das Betriebssystem für Workstations um UUCP (Unix to Unix Copy Protocol), das die Datenübertragung über Telefonleitungen regelt.

1979 Das Usenet entsteht, ein Netzwerk, auf dem in Tausenden von Newsgroups verschiedene Themen diskutiert werden.

1981 Das BITNET entsteht (Because it is Time

Network), ein auf IBM-Rechnern basierendes akademisches Netzwerk.

1983 390 Rechner sind im ARPANET vernetzt. Das eigentliche Internet entsteht mit Einsatz von TCP/IP als verbindlichem Protokoll über alle Plattformen hinweg.

1984 Das Domain Name System wird vorgestellt, ein Namensgebungssystem, nach dem noch heute alle Internet-Namen festgelegt werden.

1986 Gründung des NSFnet (National Science Foundation Network) mit neuen leistungsfähigen Datenübertragungsleitungen.

1990 Ab 1990 explodiert die Anzahl der Rechner und User auf dem Internet. Monatlich kommen etwa zehn Prozent neue Hosts dazu.
Mit MCI Mail wird erstmals auch ein kommerzielles E-Mail-System mit dem Internet verbunden.
Am Europäischen Forschungszentrum für Teilchenphysik CERN in Genf wird das World Wide Web (WWW) entwickelt.

1991 Die Einführung von Gopher- und WAIS-Services ermöglicht eine bessere Orientierung im Internet. Erste öffentliche Vorstellung des WWW in den USA.

1992 Gründung der Internet Society, die Interessenten über das Internet und die Internet-Gemeinschaft informiert.

1993 Über 1,3 Millionen Computer sind dem Internet angeschlossen. Die Zahl der HTTP-Server im WWW wächst von 50 auf 500.
NCSA MOSAIC, die Killerapplikation des Internet für WWW-Darstellung, entsteht, der erste graphische Web-Browser für PCs.

> Die kommerzielle Nutzung des Internet steigt rapide an.
>
> 1994 Die Zahl der kommerziellen Domains (.com) übertrifft die der Bildungseinrichtungen (.edu).
> Netscape wird von ehemaligen NCSA-Entwicklern gegründet.
> Erste Internet-Shops für Online-Konsum entstehen.
>
> 1995 Real Time Applications bringen Ton und Bild in Echtheit über das Internet. Windows 95 und OS/2 integrieren die Internet-Anbindung auf Betriebssystemebene.
> In Deutschland gehen nach CompuServe (1991) Europe Online, eWorld und AOL Deutschland an den Start. Die Telekom unternimmt mit T-Online nach BTX und Datex-J den dritten Anlauf mit ihrem Online-Dienst und bietet deutschlandweiten Internet-Zugang.

2. »Information-Super-Highway«

Der amerikanische Präsident Bill Clinton erklärte 1994 den Ausbau der Information-Super-Highway zum Staatsziel. Das Internet soll bis zum Ende des Jahrtausends sämtlichen Klassenzimmern, allen Büchereien und Krankenhäusern und bis zum Jahr 2005 auch jeder Privatperson zugänglich gemacht werden. Das Endziel wäre die Schaffung eines nationalen wie auch eines weltweiten Informationsnetzwerks (Global Information Network). Damit stünde etwa die Kongreßbibliothek nicht nur den Bürgern in Washington, sondern jedem US-Bürger, egal wo er lebt und arbeitet, zur Verfügung.

Dasselbe gilt natürlich auch für alle anderen Bibliotheken sowie für Museen und Universitäten.

Das NIIAC (National Information Infrastructure Advisory Counsil) wurde von der Regierung Clinton gebildet, um das Wirtschaftsministerium bei dem Ausbau der Information-Super-Highway zu beraten. Fünf Ziele stehen dabei im Vordergrund:

1. Sicherung von universellem Zugang und Service
2. Schutz von Privatsphäre und Sicherheit
3. Schutz von geistigem Eigentum
4. Förderung der elektronischen Wirtschaft
5. Förderung von Aus- und Weiterbildung

Doch zwischen der Vision und ihrer Verwirklichung liegt noch ein weiter Weg. Neben den technischen Hürden, nämlich der Bereitstellung einer Infrastruktur aus Netzen, Anschlüssen und Bandbreite sowie der nötigen Hardware und Software muß auch das Know-how verfügbar gemacht werden.

Mittlerweile bieten auch moderne Betriebssysteme wie OS/2 und Windows 95 integrierte Funktionen und Software, die – sofern ein Modem am PC angeschlossen ist – einen Zugang zum Internet erlauben.

Inzwischen hat sich die Menge der anderen Internet-Provider, der kommerziellen Anbieter von Internet-Zugängen, dramatisch vergrößert. Mittlerweile kann man sich fast überall in den USA zum Ortstarif (25 Cent pro Gespräch, ohne Zeitlimit) mit dem Internet verbinden.

Auch wenn sich das Gesicht des Net geändert hat, so blieb doch der ursprüngliche Sinn erhalten: Informationen in Form von Daten, Programmen und heute auch Bild, Ton und Video werden einer großen Zahl von Anwendern in aller Welt zur Verfügung gestellt.

Gleichzeitig mit der immer stärkeren Verbreitung des Net nahm auch seine Kommerzialisierung zu. Noch vor wenigen Jahren war Werbung auf dem Net verpönt, jegliche auf Profit ausgerichtete Aktivität durch die Acceptable Use Policy (ACP) der National Science Foundation streng untersagt. Heute hat ein Großteil aller Neuzugänge einen eindeutig gewerblichen Hintergrund.

Die auf dem Internet getätigten Umsätze sind im Vergleich zu herkömmlichen Vertriebsmöglichkeiten heute zahlenmäßig noch sehr gering. Aufgrund des rasanten Wachstums ist jedoch anzunehmen, daß bis zur Jahrtausendwende ein neuer Markt innerhalb der Unterhaltungsindustrie entstehen wird, der ein dreistelliges Milliardenvolumen erreichen könnte.

Drei digitale Meilensteine

Das Internet ist der dritte Meilenstein in der Geschichte der elektronischen Revolution. Der erste war die Erfindung der Hardware und damit die Einführung der Computer als Werkzeug für Datenverarbeitung in Unternehmen. Es gab noch keine einheitliche Software, die auf den Systemen lief, Anwendungen wurden kundenspezifisch – oft auch durch den Kunden selbst – entwickelt.

Als zweiter Meilenstein kann die Einführung jener PCs gelten, die durch ihre Standardsoftware erfolgreich wurden: MS DOS, später Windows, als Betriebssystem sowie Tabellenkalkulation und Textverarbeitung als Killerapplikationen. Killerapplikationen nennt man jene Anwendungen, die einer Technologie zum Durchbruch verhelfen.

Entscheidende Impulse gab hierbei nicht nur Microsoft, das heute mit Betriebssystem und Standardprogrammen eine marktbeherrschende Stellung einnimmt, sondern auch die Firma Apple Computer, die mit dem Apple Macintosh durch ein einfach zu bedienendes Betriebssystem ihre PCs benutzerfreundlicher gestaltete.

Der dritte Meilenstein wird mit der weltweiten Vernetzung aller PCs durch das Internet, das die globale Kommunikation ermöglicht, erreicht sein.

Drei Meilensteine der elektronischen Revolution			
	1960–80	achtziger Jahre	neunziger Jahre
Hardware Software Anwendung	Computer	PC DOS Text und Kalkulation	Internet TCP/IP E-Mail/WWW

3. Zahlen und Fakten

Das Internet wächst in der letzten Zeit jährlich um rund 100 Prozent, wobei das World Wide Web bzw. die An-

Derzeitige Ausdehnung des Internet						
Datum	Rechner	Domains	Antwort auf Ping*	Network Class A	B	C
Jul 95	6.642.000	120.000	1.149.000	91	5.390	56.057
Jan 95	4.852.000	71.000	970.000	91	4.979	34.340
Oct 94	3.864.000	56.000	1.024.000	93	4.831	32.098
Jul 94	3.212.000	46.000	707.000	89	4.493	20.628
Jan 94	2.217.000	30.000	576.000	74	4.043	16.422
Oct 93	2.056.000	28.000		69	3.849	12.615
Jul 93	1.776.000	26.000	464.000	67	3.728	9.972
Apr 93	1.486.000	22.000	421.000	58	3.409	6.255
Jan 93	1.313.000	21.000		54	3.206	4.998

(* geschätzt, 1% aller Rechner wurden angepingt)

Quelle: Internet Domain Survey, 7/1995,
http://www.nw.com/
Rechner: alle Computer, die sich im Internet befinden und über eine TCP/IP Adresse verfügen.
Domains: Dies bezeichnet einen »Adreßbereich« im Internet, z. B. den einer Firma oder einer Organisation.
Networks: Class A, B und C beschreibt jeweils verschieden große Netzwerke im Internet.
Ping: Abfragemethode nach dem Echolot-Prinzip, bei denen Rechner »angepingt« werden und sich melden, wenn sie online sind.

zahl der Web-Sites monatlich um zehn Prozent zunimmt und bereits mehr als zehn Millionen Web-Pages auf 30.000 Sites enthält.

Immer mehr Firmen und Organisationen verbinden ihr lokales Netzwerk (LAN = Local Area Network) mit dem Internet. Bis zum Ende der neunziger Jahre werden viele Unternehmen auf dem Internet vertreten sein.

Darum kann jede Größenbeschreibung des Internet nur eine Momentaufnahme sein. Zählt man alle Nutzer zusammen und addiert die Mitglieder der Online-Dienste (ca. zwölf Millionen), so sind heute wahrscheinlich über 50 Millionen Menschen elektronisch erreichbar. Hinzu kommen die Nutzer von firmeneigenen Netzen, die ebenfalls Schnittstellen zum Internet besitzen. Jeder Mensch, der eine Postadresse besitzt, wird über kurz oder lang auch eine E-Mail Adresse haben.

Die Menge der verfügbaren Informationen auf dem Internet ist gewaltig. Mittlerweile publizieren zahlreiche Zeitungen und Magazine weltweit auf dem Internet, dem World Wide Web und auf Online-Diensten. Naturgemäß sind auf dem Internet auch Hunderte von Gigabyts an

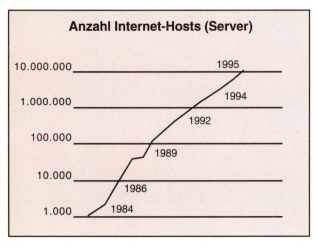

Software, Shareware, Freeware, Updates, Programmen und Treibern aller möglichen Hersteller zu finden. Wichtige und besonders stark frequentierte Server (Sites) werden als sogenannte Mirror Sites kopiert und stehen so auf anderen Rechnern in Kopie zur Verfügung.

4. Funktionsweise des Internet

Die Funktionsweise des Internet basiert auf dem Client/Server-Prinzip und dem Protokoll TCP/IP (Transmission Control Protocol/Internet Protocol), das den Datenaustausch regelt.

Server ist die Bezeichnung der Datenquelle, Clients nennt man die Empfänger der Informationen. Sobald der Client eine Information anfordert, wird der Kommunikationsprozeß in Gang gesetzt.

Das Internet-Protokoll TCP/IP ist paketorientiert: Alle Dateien, die übertragen werden sollen, müssen vom Server in kleine Pakete aufgeteilt und dann einzeln an den Empfänger (Client) abgeschickt werden. Die Übertragung zwischen Sender und Empfänger geschieht nicht auf dem direkten Weg, sondern über Vermittlungsstellen; dabei ändert sich der Weg, den die Pakete im Internet nehmen, sobald eine Vermittlungsstelle ausfällt. Beim Empfänger werden alle Pakete zunächst eingesammelt und dann wieder zu einer kompletten Datei zusammengesetzt.

Das Gerüst des Internet bilden sogenannte Backbones, nämlich Hochgeschwindigkeitsleitungen, von welchen dann Leitungen zu den diversen Netzen und Providern abgehen.

LAN-MAN-WAN-Internet

Das Internet kann man sich als weltweiten Netzwerkverbund mit verschiedenen Ebenen vorstellen. Das Prinzip der Datenübertragung läßt sich dabei mit einer Weltreise

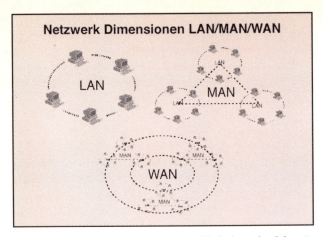

vergleichen, für die verschiedene Verkehrsmittel benötigt werden: Mit Auto oder Bahn begibt man sich zum Flughafen, von dort aus mit dem Flugzeug in ein anderes Land, wo man im Taxi an seinen Bestimmungsort gelangt. Die Übertragungen auf dem Internet laufen ähnlich ab: Die Daten benutzen verschiedene Netze und Leitungen, um ihr Ziel zu erreichen. Innerhalb eines Büros sind mehrere PCs oder Workstations zu einem LAN (Local Area Network) zusammengefaßt. Ein MAN (Metropolitan Area Network) verbindet LANs im Bereich einer Großstadt oder eines bestimmten regionalen Gebiets. Ein WAN (Wide Area Network) schließt die verschiedenen MANs auf landesweiter Ebene zusammen. Die WANs der verschiedenen Länder bilden ein globales Supernetz.

5. Daten auf dem Internet

Das Internet besteht aus den Inhalten der Datenspeicher seiner angeschlossenen Computer. Dies sind viele Terabyte (ein Terabyte entspricht 1.024 Gigabyte) an Texten, Bildern sowie Audio- und Videoclips.

Neben der ungeheuren Menge ist auch die Qualität der Daten interessant. So erschließen sich auf dem Internet Informationsquellen, die sonst nur schwer oder überhaupt nicht zugänglich sind.

Die unzähligen Datenbanken der Rechner im Internet enthalten Berichte und Dokumentationen zu den verschiedensten Themenbereichen aus Kultur, Wissenschaft, Wirtschaft, Recht, Medizin, Politik und Unterhaltung: Man findet dort Bilder von Atommodellen oder Fotomodellen, ganze Zeitungen und Magazine, aber auch Kaufangebote von der Pizza bis zum CNC-Fertigungszentrum.

Diese Daten sind in verschiedenen Services, z. B. FTP (File Transfer Protocol) und dem World Wide Web oder über Such- und Orientierungsservices wie Gopher, WAIS und die vielfältigen Search-Engines auf dem WWW organisiert und über diese erreichbar.

Neben den reinen Datenbanken stellen auch zahlreiche Einzelpersonen, Firmen und Organisationen auf dem Internet Informationen über sich und ihre jeweiligen Tätigkeiten zur Verfügung; mit ihnen allen kann man per elektronischer Post kommunizieren.

Online-Dienste eröffnen zusätzliche zum Teil exklusive Informationsangebote, erlauben aber meist auch den Zugriff auf die oben genannten Internet-Ressourcen.

Das Usenet bietet ein Forum auf dem Internet mit unzähligen Newsgroups zu allen denkbaren Themen. Hier werden Forschungsergebnisse über Biochemie ebenso wie Meinungen über Filmstars ausgetauscht.

6. Benutzer des Internet

Die Benutzer des Internet waren bis vor kurzem eine relativ homogene Gruppe, deren Mitglieder ein gemeinsames Interesse an Wissenschaft und Forschung verband. Mittlerweile hat sich das geändert. Die Internet-Gemeinde diversifiziert sich extrem stark. Heute besitzt schon fast jeder vierte Haushalt einen PC – in Zukunft werden Internet-Anschlüsse wohl genauso verbreitet sein.

An der Endung der Internet-Adresse erkennt man in der Regel, welche Art von Internet-Teilnehmer man vor sich hat. Eine typische Anschrift sieht etwa so aus: Karl Mustermann @uni-stuttgart.de.; de steht dabei für Deutschland.

Top Level Domains	
.COM	Kommerzielle Organisationen
.EDU	Bildungseinrichtungen
.GOV	Regierungsorganisationen
.MIL	Militärische Organisation
.NET	Netzwerk und Serviceprovider
.ORG	Sonstige Organisationen
.Länderkürzel	für Anbieter außerhalb der USA aus allen Bereichen.

Demographische Untersuchungen beschreiben den typischen Internet-Nutzer als 30- bis 35jährigen Mann mit guter Ausbildung und gehobenem Einkommen. Waren es bis vor kurzem hauptsächlich Teilnehmer aus dem Universitätsbereich und aus größeren Unternehmen, die das Internet für interne und externe Kommunikation nutzten, so verwischen sich mit dem Wachstum die klaren Konturen. In jedem Fall handelt es sich um eine Untergruppe der PC-Benutzer, denn der Computer ist die Voraussetzung für die Nutzung des Internet.

Was die Anbieter betrifft, so teilen sich diese in sechs große Gruppen:

A. Regierungen, staatliche Behörden, Verwaltungen, nationale und internationale Organisationen

Diese Anbieter nutzen das Internet und insbesondere das World Wide Web für Kommunikation und Öffentlich-

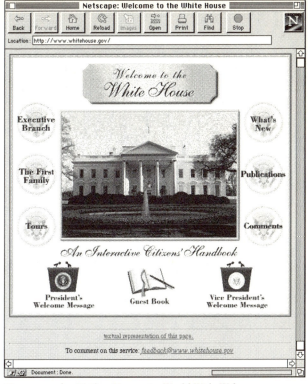

Homepage des Weißen Hauses im World Wide Web.

keitsarbeit. Informationen zu tagesaktuellen Themen oder allgemeine Daten über Ziele, Programme und Aktionen können abgerufen werden. Außerdem gibt es die Möglichkeit, per E-Mail mit den Anbietern in Verbindung zu treten, um zu kritisieren, Fragen zu stellen oder weitere Informationen anzufordern.

Bill Clinton (president@whitehouse.gov) beispielsweise erhält täglich Hunderte von Mails, die Mitarbeiter des Weißen Hauses lesen und beantworten. Die Regierung der Vereinigten Staaten nutzt diese Möglichkeit der

Kommunikation mit ihren Bürgern sehr intensiv. Es kommen allerdings auch immer mehr Länder hinzu, deren Regierungen ihre Präsenz auf dem Internet ausbauen. Litauen hat zum Beispiel eine Web-Page, auf der es über Land, Leute, Politik und Wirtschaft informiert. Eine gute Übersicht über die Web-Server aller Länder findet man auf dem Virtual Tourist unter http.//virtual.tourist.com. Eine auf Mausklick reagierende Weltkarte führt zunächst auf den entsprechenden Kontinent und dann in das gewünschte Land.

Neben den Regierungen ist eine große Anzahl von nationalen und internationalen Organisationen wie etwa die Arbeiterwohlfahrt, Greenpeace oder die Vereinten Nationen auf dem Internet vertreten.

B. Universitäten, Forschungseinrichtungen

Von Anbietern aus Forschung und Lehre lassen sich auf dem Internet Informationen über ihre Studienprogramme sowie viele weitere fachspezifische Themen anfordern. Die Server der Universitäten enthalten außerdem große Software-Archive, da dort seit jeher die verschiedensten Gruppen ihr Angebot zur Verfügung stellen. Natürlich finden sich hier auch die Homepages von Professoren und Studenten.

Auch immer mehr Schulen haben eine Web-Präsenz: So werden beispielsweise Klassenprojekte auf dem Web veröffentlicht.

C. Firmen

Unternehmen mit mehreren Standorten, insbesondere multinationale Unternehmen, realisieren die interne Kommunikation zwischen den Filialen meist mit gemieteten Leitungen. Da die Übertragung von vertraulichen Daten (Buchhaltung etc.) höchsten sicherheitstechnischen Ansprüchen genügen muß, werden private, geschlossene Netze dem offenen Internet vorgezogen.

Im Bereich der Öffentlichkeitsarbeit und Kundengewinnung lohnt sich für Unternehmen hingegen eine Verbindung mit dem Internet. Ob Investitionsgüterindustrie oder Markenartikel – über das Internet können schnell und aktuell alle relevanten Informationen angeboten und abgerufen werden.

Die Werbemöglichkeiten auf dem Internet sind unbegrenzt. Zum Start eines neuen Films werden Previews auf das Internet gestellt, selbst in Werbespots erscheinen immer öfter Internet-Adressen.

Die Präsenz von Firmen auf dem Internet erweitert sich ständig. Mit der steigenden Popularität des World Wide Web entdecken Rechtsanwälte, Ärzte, Kliniken, aber auch Andenkenläden und Cafés das Internet und bieten auf ihren Homepages Informationen über ihre Dienstleistungen an.

D. Medien

Auch die Medien entdecken in zunehmendem Maße das Internet. Immer mehr Verlage publizieren dort ihre Zeitungen. TV- und Radiosender haben eigene Homepages im World Wide Web – und viele neue Medien entstehen.

Motive für professionelle Nutzung des Internet	
Informationen sammeln	77 %
Kommunikation	54 %
Informationen über den Wettbewerb gewinnen	46 %
Firmeninterne Kommunikation	44 %
Kundenservice und Support	38 %
Informationen publizieren	33 %
Produkte oder Services kaufen	23 %
Produkte oder Services verkaufen	13 %
(Quelle: The Commercenet/Nielsen Internet Demographics Survey)	

Ein positiver Aspekt besteht darin, daß auch kleinere Projekte eine Chance haben, neben den großen und etablierten Medien zu bestehen.

Neben Tages- und Publikumszeitschriften erscheinen viele Spezialtitel. Ob arabische Medizin oder Snowboarding – jedes Thema hat sein Medium auf dem Internet.

E. Private Anbieter, Vereine, Clubs, Privatleute

Dies ist der besonders spannende und interessante Kulturteil des Net. Hunderte von E-Zines (elektronischen Magazinen) bevölkern das Internet. Noch nie gab es die Möglichkeit, ohne erhebliche Publikationskosten eine so große Zielgruppe zu erreichen.

Eine Web-Site kann mit wenig Aufwand fast jeder erstellen, die Miete kostet oft nur wenige D-Mark im

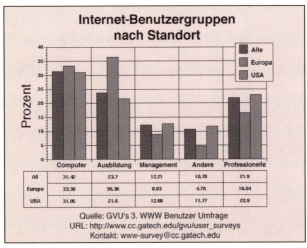

Ein Großteil der Internet-Benutzer sind auch heute noch Profis aus der Computerindustrie sowie Forschung und Lehre. Die Grafik zeigt die Aufteilung der Internet-Benutzergruppen im internationalen Vergleich.

Monat. Viele Provider offerieren sogenannten Nonprofit-Organisationen sogar kostenlosen Platz auf ihren Servern. Auch Online-Dienste geben ihren Mitgliedern die Möglichkeit, eigene Homepages einzurichten.

Diskussionen finden im Usenet in einer der zahllosen Newsgroups statt oder live beim Internet-Relay-Chat, WWW-Chat oder in den Chat-Foren der Online-Dienste.

F. Hacker

Seit jeher ein integraler Bestandteil der Computerwelt, haben natürlich auch Hacker, Cracker und die Telekommunikationsspezis »Phone Phreaks« das Internet als Spielwiese entdeckt.

Alle Mitglieder der Internet-Gemeinschaft, Anbieter und Benutzer von Services sind möglichem Mißbrauch bzw. Sabotageakten ausgesetzt und müssen Maßnahmen ergreifen, um das Risiko zu minimieren.

Durch die steigende Bedeutung der kommerziellen Nutzung des Net steigt auch die Gefahr des unrechtmäßigen Zugriffs.

7. Möglichkeiten im Internet

Der meistgenutzte Service ist E-Mail, also die Erstellung und Übertragung von elektronischer Post. Weiterhin werden Dokumente gesucht (Gopher, WAIS) und übertragen (FTP).

Das World Wide Web stellt eine grafische Benutzeroberfläche für große Teile des Internet zur Verfügung und wird auch als Medium für Unterhaltung und Werbung eingesetzt. Es ist außerdem der Service mit der größten Wachstumsrate.

Mit dem World Wide Web wurde das mehr oder weniger gezielte Herumstöbern im Internet, netsurfen bzw. websurfen genannt, attraktiv: Man klickt sich von Seite zu Seite und liest, was einen interessiert.

Darüber hinaus ermöglicht Telnet das Arbeiten auf entfernten Computern. Dieser Service wird z. B. von Bibliotheken genutzt, die ihre Kataloge über Telnet verfügbar machen.

8. Kontrollinstanzen des Internet

Es gibt keine zentrale Stelle, die alle Vorgänge auf dem Internet kontrolliert oder kontrollieren könnte. Die Systemadministratoren der Internet-Service-Provider sind prinzipiell für die Daten- und Benutzersicherheit auf ihrem Server verantwortlich. Das Internet befindet sich keinesfalls in einem rechtsfreien Raum, im Gegenteil: Alle Gesetze, die das Miteinander von Personen, Firmen und Organisationen regeln, gelten grundsätzlich auch im Internet. Allerdings sieht es nicht so aus, als könne man die Anbieter von Online-Diensten für das Material, das auf ihren Servern publiziert wird, zur Rechenschaft ziehen.

Ein anderes Thema in diesem Zusammenhang ist die Zensur. Denn so vielfältig wie die Benutzergemeinschaft des Net ist, so vielfältig sind auch ihre Neigungen. Es gibt eine große Menge definitiv nicht jugendfreier Angebote auf dem Internet. Trotzdem besitzt es eine gewisse Selbstreinigungskraft und zudem beobachten mittlerweile auch Polizei und andere Staatsorgane das Internet. In den USA können Web-Browser für Kinder und Jugendliche so konfiguriert werden, daß diese nur Seiten abrufen können, die vorher von einer Ministeriumsstelle freigegeben worden sind. Dennoch sollte man die Kreativität der Computergeneration nicht unterschätzen, sie ist durchaus in der Lage, sich eine unmodifizierte Version des Browser zu besorgen und zu installieren, so daß sich jeder Teilnehmer seiner Verantwortung im Umgang mit den neuen Kommunikationsmöglichkeiten bewußt sein sollte.

9. Sicherheit auf dem Internet

Das Internet ist grundsätzlich offen und frei – und somit auch prinzipiell alles andere als sicher. Es gibt keine Zugangskontrollen für Anbieter und Benutzer. Niemand kann verhindern, daß Kommunikation abgehört und aufgezeichnet wird oder daß sich jemand Zugang zu Daten verschafft, die nicht für ihn bestimmt sind.

Folgende Themen stehen im Mittelpunkt der Diskussion um die Sicherheit auf dem Internet:

1. Zugangssicherheit
Provider und Online-Dienste, aber auch die Anwender selbst, müssen sich vor mißbräuchlichem Zugriff schützen. Auf der Anwenderseite erfordert dies einen bewußten und verantwortungsvollen Umgang mit Paßwörtern und Zugang-IDs, d.h. dem Anmeldenamen. Denn auf dem Internet gibt es keine »Gesichtskontrolle« – ID und Paßwort genügen, um sich Zugang zu verschaffen.

Service-Betreiber auf dem Internet müssen sich ihrerseits vor Hackern schützen, die sich einen weiterreichenden Zugriff, als ursprünglich vorgesehen war, verschaffen könnten.

2. Transaktionssicherheit
Wenn über das Internet eingekauft wird, z.B. per Kreditkarte, gilt es zunächst zu verhindern, daß die benötigte Karteninformation (Name, Nummer, Gültigkeitsdatum) abgefangen und unrechtmäßig verwendet wird. Darüber hinaus muß die Identität des Bestellers bestätigt werden, um einem Mißbrauch vorzubeugen.

3. Datensicherheit
Sensible oder gar geheime Daten müssen sowohl bei E-Mail als auch allgemein im Dateitransfer vor dem Abhören geschützt werden.

Bei totaler Vernetzung ist prinzipiell auch alles möglich. Darum ist die Datensicherheit natürlich ein besonders wichtiger Aspekt. Internet-Provider und Firmen, die mit dem Internet verbunden sind, benutzen sogenannte Firewall-Architekturen, um Angriffe von Hackern abzuwehren. Sie verhindern, daß Eindringlinge unbefugt in nichtöffentliche Bereiche des Servers vordringen.

Firmen, die einen Internet-Zugang haben, sollten den Internet-Server durch geeignete Systeme (Sicherheits-Router, Bridges) von ihrem LAN getrennt halten.

Ein weiterer Ansatz zur Lösung der Sicherheitsprobleme auf dem Internet sind verbesserte Verschlüsselungsmethoden (Kryptografie). Diese dienen nicht nur Providern und Firmen, sondern auch Privatpersonen, die dadurch sicher sein können, daß ihre elektronische Post nicht unterwegs von Neugierigen abgefangen und gelesen werden kann.

Bei Geschäften im Internet werden zusätzliche Kontrollprozesse eingeführt, um die Sicherheit zu erhöhen. Bestellungen über die First Virtual Bank im Internet müssen zum Beispiel zusätzlich per E-Mail bestätigt werden, bevor sie wirksam sind. Außerdem arbeiten Unternehmen an einer »digitalen Unterschrift«, die dem Verkäufer die Authentizität der vom Käufer angegebenen Identität garantieren soll.

Bei allen diesen Entwicklungen ist jedoch zu beachten, daß es kaum einen unknackbaren Code gibt. Allein das amerikanische Programm »Pretty Good Privacy« gilt bislang als unentschlüsselbar.

10. Mögliche Weiterentwicklung des Internet

Eine globale Verfügbarkeit des Internet ohne Beschränkungen der Bandbreite würde die Verwirklichung einer Vision bedeuten: Jede Information zu jeder Zeit an jedem Ort.

Die Möglichkeiten, die das Internet derzeit eröffnet und in Zukunft noch eröffnen wird, sind faszinierend und gehen weit über die heutige Nutzung hinaus. Wenn man berücksichtigt, daß die Kommunikation die Grundlage für alle öffentlichen und privaten, wirtschaftlichen und wissenschaftlichen Prozesse darstellt, so ist die Entstehung des Internet (zumindest für Fans) sicherlich nur mit der Erfindung des Rades oder der Elektrizität zu vergleichen.

Bereits in zehn bis 20 Jahren wird es nach Aussage von Internet-Optimisten mehr Netzanschlüsse als Menschen auf der Erde geben. Unterhaltungselektronik und Computer verschmelzen und lassen neue universelle Informations- und Kommunikationssysteme entstehen.

Ist heute schon jedes Auto und jede Waschmaschine mit elektronischer Intelligenz ausgerüstet, so werden sie zukünftig zusätzlich per Modem, ISDN oder Funk an das Internet angeschlossen sein.

Christian Huitema, Research Director des INRIA (Institut National de Recherche en Informatique et Automatique) an der Universität von Sophia Antipolis in Frankreich und von April 1992 bis Juli 1995 Vorsitzender des Internet Architecture Board, ist einer der Visionäre des Net. Das Internet Architecture Board ist eine Organisation, die den weltweiten Ausbau des Internet vorantreibt und dabei mit allen Staaten und weiteren Organisationen zusammenarbeitet. Huitema beschreibt, wie Herzschrittmacher demnächst ungewöhnliche Rhythmusstörungen ihrer Patienten per Internet an den behandelnden Arzt senden können. Nach Huitema wird in nicht allzu ferner Zukunft alles, bis hin zu jeder einzelnen Glühbirne, an das Internet angeschlossen sein.

Globales Fernsehen

Es ist nur eine Frage der Zeit, bis das Internet weltweiten Zugriff auf Fernsehprogramme ermöglichen wird. So wie heute Texte und Fotos von Verlagen auf dem World Wide Web zur Verfügung stehen, werden in Zukunft auch komplette Fernsehprogramme abrufbar sein.

Remote und Mobile

Dies sind zwei Schlagworte im Zusammenhang mit der Nutzung des Internet. Alle angeschlossenen Systeme können »remote«, das heißt von einem anderen Ort aus über Fernsteuerung bedient und überwacht werden. Über das Internet läßt sich dies im weltweiten Umfang durchführen. Durch die Einführung von drahtlosen Verbindungen erreicht man große Mobilität. Handy-Funktelefone ermöglichen bereits heute die mobile Datenübertragung. Werden entsprechende Systeme direkt in die Notebook-Computer integriert, so ist man überall mit dem Netz verbunden.

Das Netzwerk: ein gigantischer Supercomputer

Nur ein winziger Teil der vorhandenen Computerkapazität auf der Erde wird auch wirklich genutzt. Der Großteil der Computer dagegen ist die meiste Zeit »idle«, d. h., er hat nichts zu tun.

In der Zukunft sind Applikationen denkbar, die sich dieser Kapazität gezielt bedienen und das Internet zu einem gigantischen Supercomputer machen.

Großprojekte wie etwa das Genomprojekt (Definition und Funktionserklärung jedes menschlichen Gens) sind Aufgaben, die riesige Rechenkapazitäten benötigen. Wenn diese Aufgaben nun aufgeteilt und von Helferprogrammen auf Hunderte oder sogar Tausende (Millionen?) von Rechnern verteilt werden, ist Rechenleistung in Zukunft fast beliebig skalierbar. Die Probleme können viel leichter und schneller gelöst werden. Schon heute wird diese Technologie im LAN-Bereich eingesetzt, beispielsweise bei der Berechnung der Oberflächengestaltung von komplexen dreidimensionalen Grafiken.

Virtual Reality

Virtuelle Realität (VR) heißt der Traum von einer computergeschalteten künstlichen Welt, in der sich der Anwender bewegt und Ereignisse erlebt, als wäre alles real.

Schon heute gehören Virtual Reality-Anwendungen zu den besonders interessanten Entwicklungen auf dem Gebiet der Computertechnologie. Über Datenhelme und -handschuhe bekommt der Betreffende den Eindruck vermittelt, er befinde sich körperlich in der Welt des Computers, dem sogenannten Cyberspace. Virtual Reality bietet in Verbindung mit dem Internet faszinierende Perspektiven für die Zukunft. Heute schon offeriert das Fremdenverkehrsamt von Maui auf Hawaii einen Hawaii Virtual Roundtrip, bei dem Internet-Benutzer eine dreidimensionale Rundreise über die Inseln antreten können. Auch Museen lassen sich bereits in Cyberspace erleben. Wäre die ganze Erde digitalisiert, so könnte man jeden Ort per Computer bereisen und alle Landschaften betrachten. Eine entscheidende Voraussetzung für diese Einsatzmöglichkeiten ist neben der Entwicklung von VR-Benutzersets für den Massenmarkt der Ausbau der Bandbreiten und die Verbesserung der Datenkompression bei Übertragungen.

Schon ein lokaler Einsatz von VR setzt hohe Rechen- und Netzleistungen voraus, um die künstliche Realität so wirklichkeitsnah wie möglich darzustellen.

Läuft die Übertragung dieser Informationen nun über das Internet, müssen sie entweder in Echtzeit extrem komprimiert und beim Benutzer wieder dekomprimiert werden, oder aber es müssen äußerst schnelle Leistungen zur Verfügung stehen, um die großen Datenmengen zu bewältigen.

Individuelle Morgenzeitung

Weniger spektakulär, aber trotzdem sehr interessant ist die Möglichkeit, intelligente Software-Agenten regelmäßig auf Nachrichtenjagd in das Internet zu schicken.

Auf ein beliebiges Thema angesetzt, durchsuchen sie das gesamte Internet nach Neuigkeiten. Diese Nachrichten und Angebote erwarten den Interessenten dann jeden Morgen frisch gedruckt zusammen mit der persönlichen E-Mail im Laserdrucker.

Fernschulen und Universitäten

Lernen ohne Klassenzimmer, Schulen ohne Pausenhof, Universitäten ohne Campus: So könnte die Zukunft demnächst aussehen.

Zwar ist man heute noch in der Phase des Experimentierens, doch wird in Zukunft sicherlich ein Teil der regulären Ausbildung über das Internet erfolgen können. Auch Schulungen und Kurse privater und kommerzieller Anbieter, z. B. CNC-Programmierung, aber auch Sprachunterricht, können hier kostengünstig einer großen Anzahl von Lernenden angeboten werden.

Insbesondere Länder der Dritten Welt können hier profitieren, denn im Internet ist die Überbrückung auch großer Entfernungen ohne weiteres möglich.

Telephonie, Video-Conferencing und Collaboration

Weltweites Telefonieren zum Ortstarif stellt kein Problem dar, vorausgesetzt beide Partner haben einen Internetanschluß. Internet-Telephonie bietet bereits diese Möglichkeit unter http://www.vocaltec.com. Telephonie nennen Profis übrigens alle Themen und Funktionen rund um telefonische Kommunikation.

Über die unter http://bis444.beaumont.plattsburgh.edv/TechnologyShareSession.html erhältliche Shareware Cuseeme kann Video-Conferencing mit beliebig vielen Teilnehmern im Internet durchgeführt werden.

Noch stecken diese Möglichkeiten in den Kinderschuhen, doch zeichnet sich bereits ein deutlicher Trend ab: Die Telefonkosten werden durch den Wettbewerb auf ein Minimum sinken, eventuell sogar ganz wegfallen.

Diese Anwendungen sind hauptsächlich für professionelle Nutzung interessant. Wenn man bedenkt, daß ein Außendienstbesuch eine Firma durchschnittlich 300 D-Mark kostet und dazu in Erwägung zieht, daß wir in einem globalen Markt leben, werden die Vorteile von Tele- und Video-Conferencing offensichtlich. Das Internet kann hier als wesentliche Triebkraft wirken.

Softwarekauf per Internet

In Zukunft wird man keine Software mehr in Geschäften kaufen; Programme mitsamt Handbüchern lassen sich dann nämlich über das Internet erwerben und herunterladen, wie es heute bei Software Updates, Patches und Shareware üblich ist. Das Internet ist der ideale Distributionskanal für digitale Signale. Auch die Registrierung der Anwendersoftware geschieht über das Internet – bei der Installation wird automatisch eine Registrierungsdatei erstellt und per E-Mail an den Hersteller geschickt. Die Hersteller haben somit die Möglichkeit, ihre registrierten Kunden schnell und einfach mit Informationen oder Updates zu versorgen.

JAVA

Der Workstation-Hersteller SUN Microsystems hat mit der Programmiersprache JAVA ein Konzept entwickelt, das Programme in kleine Bausteine (Applets) aufteilt und mit dem eigentlichen Dokument verbindet. So benötigt der Benutzer als Software nur noch einen Internet-Client mit integriertem JAVA Interpreter. Alle Dokumente, die auf diese Weise entstanden sind, können dann über das Internet heruntergeladen werden. Die zum Betrachten und Bearbeiten der Dokumente nötige Software setzt sich während des Herunterladens auf dem PC des Benutzers zusammen und ist gleichzeitig immer auf dem neuesten Stand. Wer also beispielsweise eine Textdatei erhält, braucht keine eigene Textverarbeitung mehr, da diese Programmfunktionen im Dokument selbst enthalten sind.

Remote Computing/Control

Einer der naheliegendsten Einsatzbereiche ist sicher in der Rationalisierung von personal- und zeitaufwendigen und somit teuren Abläufen zu sehen. Hier gibt es ein ungeheures Sparpotential, das von der Industrie gewiß rapide erschlossen werden wird.

In den Regalen der Supermärkte könnten Sensoren melden, wenn der Produktvorrat zur Neige geht, sodann durch einen Vergleich der Abnahmemenge der letzten Zeit mit dem entsprechenden Zeitraum vom Vorjahr eine Voraussage über den zukünftigen Bedarf erstellen und schließlich per Internet bei dem jeweiligen Lieferanten automatisch eine Bestellung aufgeben.

Durch dieses System kann nicht nur Personal gespart, sondern auch das Verbraucherverhalten exakt beobachtet werden. Auf gleiche Weise lassen sich Service und Kundendienst »remote« durchführen. Der Transportservice Federal Express bietet seinen Kunden schon heute eine WWW-Seite, über die der Kunde anhand seiner Auftragsnummer in Echtzeit abfragen kann, wo sich seine Sendung zur Zeit befindet.

II. Zugang zum Internet

Wer sich nun an dieser weltumspannenden Kommunikation beteiligen möchte, benötigt dazu einige Dinge, die im folgenden kurz vorgestellt werden.

Sprache

Die Amtssprache im Internet ist Englisch. Dies bezieht sich nicht nur auf die Fachbegriffe, sondern auch auf den Inhalt: Über 99 Prozent des Angebots sind nur in englischer Sprache verfügbar. Jedoch auch wer kein Englisch spricht, kann von Internet und Online-Diensten profitieren. Es gibt bereits ein großes Angebot an deutschen Web-Servern und Content-Providern. Eine Übersicht finden Sie in Kapitel IX.

Personal Computer

Grundsätzlich ist jeder PC, auf dem Windows (oder OS/2) ordentlich läuft, »internetfähig«, ebenso natürlich alle Apple Macintosh PCs.

Wer eine Neuanschaffung plant, greift am besten zu einem Pentium-PC mit 16 MB RAM und mindestens 15 Zoll Farbmonitor, CD-ROM-Laufwerk und einem GB Festplatte oder zu einem beliebigen Apple Macintosh. Die Investition in einen großen Bildschirm macht sich in jedem Fall bezahlt, denn dort findet die Kommunikation, ob mit der Textverarbeitung oder dem Internet, statt.

Modem

Der einfachste Weg zur Kommunikation mit dem Internet führt über Modem und Telefonleitung. Das Modem (Modulator/Demodulator) übersetzt die digitalen Signale des Computers in analoge (Töne) und sendet sie über die Leitung. Am anderen Ende findet die Rückübersetzung in digitale Signale statt.

Modems sind in verschiedenen Preisklassen erhältlich, empfehlenswert ist ein Datendurchsatz von 14.400 oder besser 28.800 Baud. Je nach Leistungsfähigkeit und Anwendungskomfort rangieren die Modempreise zwischen den Extremwerten von 150 und 1.500 D-Mark. Das Modem wird mit einem COM Port des Computers sowie mit der Telefondose verbunden. Zusammen mit dem Modem erhält man auch die Software, die installiert werden muß, damit der PC und das Modem sich verstehen. Häufig »bündeln« Modem-Anbieter ihre Produkte mit Client-Software für Online-Dienste. Neue Modems und neue PCs mit Windows 95 konfigurieren sich sogar selbst – der PC erkennt, um welche Art Modem es sich handelt und nimmt alle notwendigen Einstellungen vor.

Telefonanschluß

Wer am gleichen Anschluß auch noch ein Telefon, Telefax oder einen Anrufbeantworter betreiben will, benutzt eine Mehrfachdose. Passionierte Net-Surfer leisten sich auch gerne einen extra Anschluß – die Kosten hierfür betragen einmalig 100 D-Mark Anschlußgebühr und dann 24,60 D-Mark pro Monat.

ISDN

Wer vorhat, das Internet intensiv zu nutzen, sollte dies per ISDN tun. Der Vorteil liegt zunächst in der fünf- bis zehnfach höheren Geschwindigkeit, die sich besonders beim Zugriff auf bebilderte Web-Seiten bemerkbar macht. Hierfür ist die Anschaffung eines Euro OSDN Basisanschlusses notwendig. Die Kosten liegen bei 100 D-Mark einmaliger Anschlußgebühr und 59 D-Mark monatlicher Grundgebühr. Außer T-Online bieten nur wenige Online-Services ISDN-Zugänge, so daß diese Möglichkeit ansonsten nur mit Internet-Providern genutzt werden kann. Auch die Provider-Kosten sind

Bandbreite

Was die PS für das Auto sind, ist die Bandbreite für die Kommunikation im Netzwerk: Je mehr man hat, desto schneller kommt man voran. Während im privaten Bereich hauptsächlich Modems mit bis zu 28.000 bps und ISDN eingesetzt werden, finden wir im kommerziellen Bereich Hochgeschwindigkeitsnetze wie T1/T3 und ATM. Besondere Bedeutung kommt auch den Backbones zu, den Hauptverkehrsadern bei der Kommunikation über größere Entfernungen.

Die konkrete Bedeutung der Bandbreite illustriert dieses Beispiel vom Zeitbedarf, den man für die komplette Übertragung aller 33 Bände der Encyclopedia Britannica benötigen würde.

Modem	9.600 bps	3,5 Tage
ISDN	64 Kbps	12,25 Stunden
T1	1,54 Mbps	31 Minuten
T3	45 Mbps	1 Minute
ATM	155 Mbps	18 Sekunden
Backbone	622 Mbps	4,8 Sekunden
Super-Backbone	2,4 Gbps	1,2 Sekunden

(Vergleich aus World Communications, erschienen zur TELECOM 1996.)

manchmal etwa um ein Drittel höher als bei analogem Zugriff.

Außerdem benötigt der PC noch eine ISDN-Karte. Die Preise hierfür liegen zwischen 130 und 1.200 D-Mark. Installation und Inbetriebnahme läßt man am besten einen Fachmann ausführen.

Informieren sollte man sich außerdem über Förderprogramme der Telekom unter der gebührenfreien Verbindung 01 30/80 80 88.

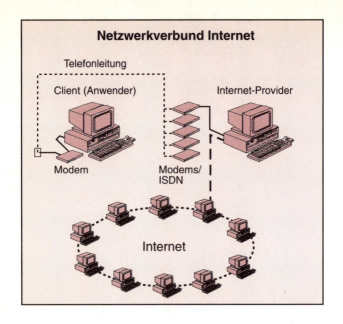

Internet-Provider

Als Provider bezeichnet man Anbieter von Internet-Zugängen. Provider betreiben permanente Standleitungen zum Internet, die sie selbst gemietet haben. Es gibt eine große Anzahl von kommerziellen und privaten Service-Providern, so daß sich Vergleiche lohnen. Da die primären Kosten die Telefongebühren sind, ist es empfehlenswert, einen Provider vor Ort zu finden. Eine Liste von Providern steht im Adreßteil am Ende dieses Buches.

Software

Um die verschiedenen Dienste des Internet nutzen zu können, benötigt man verschiedene Programme. Ein Großteil der Programme ist als Public Domain Software, also kostenlos, verfügbar. Im Handel gibt es verschiedene »Internet-Kits«, also Kombinationen aus Buch und

Software, die eine Komplettlösung zum Anschluß an das Internet bieten.

Die gebräuchlichsten Protokolle für eine Internet-Verbindung sind SLIP (Special Line Internet Protocol) und PPP (Point to Point Protocol), sie ermöglichen eine Nutzung aller Internet-Dienste.

Außerdem stellen Provider und Online-Dienste in vielen Fällen auch die benötigte Software, die Clients, zur Verfügung.

Zur absoluten Minimum-Ausstattung gehört Trumpet Winsock, das die Verbindung des PCs mit dem Internet-Protokoll TCP/IP regelt. Mit Netscape oder Mosaic als Web-Browser dazu kann man bereits einen großen Teil aller Internet-Dienste nutzen.

Natürlich gibt es noch eine Reihe von zusätzlichen Dienstprogrammen, die weitere Funktionen enthalten. Einmal mit dem Internet verbunden, kann man diese Software per FTP auf seinen Rechner herunterladen.

Online-Dienste

CompuServe bietet seinen Mitgliedern bereits seit Mitte 1995 vollen Internet-Zugang einschließlich World Wide Web. AOL Deutschland und T-Online haben ebenfalls einen Web-Zugang. Dies ist eine ideale Möglichkeit, das Internet kennenzulernen, da die Gebühren relativ gering sind und man alle notwendige Software von dem jeweiligen Anbieter erhält. Einwahlknoten stehen in vielen Großstädten zur Verfügung, kostenlose Hotlines helfen bei Startproblemen. So kann man sich bei geringen Investitionen mit dem Internet vertraut machen. Erst wenn man mehr als 20 Stunden pro Monat online verbringt, lohnt sich ein Provider.

User-ID und Paßwort

Bei jedem Zugang zum Internet muß man zunächst seine Benutzerkennung (User-ID) und das Paßwort angeben.

Beides wird normalerweise von dem Provider oder Online-Dienst zugeteilt, bei manchen Diensten kann man die User-ID auch selbst auswählen. Das Paßwort ist der Sesam-öffne-Dich und deswegen äußerst wertvoll. Wie die Geheimnummer von EC- oder Kreditkarte sollte es niemals anderen mitgeteilt oder (im Computer) aufgeschrieben werden. Profis wechseln ihr Paßwort regelmäßig mindestens einmal im Monat. Paßwörter sollten schwierig zu erraten sein, also niemals Namen oder Geburtsdaten von Familienmitgliedern oder Verwandten enthalten. Als sehr sicher gelten Kombinationen aus zwei Wörtern, die durch Sonderzeichen voneinander getrennt sind, z. B. Ball*Strand oder Hummer???@Sonde. CompuServe verlangt, daß Paßwörter mindestens acht Zeichen lang sind und wenigstens ein Sonderzeichen enthalten.

Internet-Cafés

Inzwischen gibt es auch in Deutschland erste Gründungen der in den USA sehr populären Internet-Cafés: Für einen gewissen Betrag mietet man Zeit am Terminal, um nach Belieben im Web zu surfen oder andere Aktivitäten zu unternehmen. Das günstigste Internet-Café bieten übrigens die Verkaufsstellen der Telekom an. Hier kann man zum Nulltarif T-Online und zusätzlich den World Wide Web-Service testen, wodurch man eine ausgesprochen gute Möglichkeit bekommt, erste Erfahrungen mit dem Medium Internet zu machen. Einen Wegweiser zu über 100 Cyber-Cafés findet man auf dem World Wide Web unter http://www.easynet.co.uk/pages/ccafe.htm.

III. WWW: das World Wide Web

Mit dem World Wide Web und den Online-Diensten ist das Internet heute in den Mittelpunkt des öffentlichen Interesses gerückt. War die Nutzung des Net noch bis zu Beginn der neunziger Jahre hauptsächlich Militär-, Forschungs- und Bildungseinrichtungen sowie Computer-

---

**Kurzer Sprachkurs für
World Wide Web-Reisende**

Web steht kurz für World Wide Web. **Web-Site** nennt man die Präsenz auf dem Web, die auf einem **Web-Server** eingerichtet ist, einem mit dem Internet verbundenen Computer. Eine typische Web-Site besteht aus einer Homepage, der Start-Seite und beliebig vielen anderen Pages mit verschiedenen Inhalten. Der **Webmaster** ist der Administrator der Web-Site. Die Sprache in der alle Web-Dokumente vorliegen müssen, heißt **HTML** (Hyper Text Markup Language). **Web-Browser** nennt man Programme, die es ermöglichen, Web-Seiten auf dem PC darzustellen und innerhalb des Webs zu navigieren. HTTP (Hyper Text Transfer Protocol) bezeichnet das Kommunikationsprotokoll (die Sprache) zwischen Web-Servern und -Clients, **URLs** (Uniform Ressource Locators) sind die Adressen der Web-Pages, E-Mail-Adressen sind individuell, d. h. jede Adresse kann nur einmal vergeben werden. Unter **Search-Engines** versteht man Datenbanken von Web-Seiten, die man gezielt nach Stichworten durchkämmen kann. Erstellt werden sie von **Crawlern, Spidern**, **Robots** und **Worms**, die das World Wide Web nach neuen Seiten absuchen.

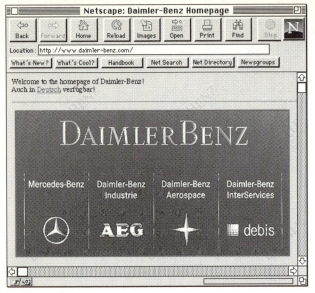

Homepage des Technologiekonzerns Daimler Benz im World Wide Web.

unternehmen vorbehalten, hat sich dies mit dem Entstehen eines Massenmarktes für PCs und den dazugehörigen grafischen Betriebssystemen grundlegend geändert. Das WWW erschließt das Internet so wie Windows DOS.

Heute kann jeder über PC und Modem auf das Internet zugreifen, und das Surfen auf der Informationsflut hat sich zur neuen Freizeitbeschäftigung entwickelt.

Zu seinem Durchbruch verhalf dem Internet die Entwicklung des World Wide Web, einer standardisierten grafischen Benutzeroberfläche für das Internet. So wie Fenstertechnik und Mausbedienung den PC benutzerfreundlich gemacht haben, erleichtern WWW-Applikationen wie Netscape den Zugriff auf die Welt der Informationen im Internet. Mit der Benutzeroberfläche haben sich auch das Publikum und die Inhalte geändert. Den Fernsehsender MTV, den Pariser Louvre und das Münchner Oktoberfest hätte man noch vor kurzem vergeblich auf dem Net gesucht. Doch heute sind es die kommerziellen und kulturellen Anbieter, die das Gesicht des Net bestimmen. Es gibt inzwischen kaum eine internationale Firma mehr, die keine Homepage im World Wide Web besitzt. Insgesamt sind nach Schätzung der Internet Society etwa drei Millionen Homepages auf dem World Wide Web zu erreichen. Bei einem Wachstum von über zehn Prozent im Monat kommen täglich 1.000 neue Anbieter dazu.

1. Netsurf: Hyperlinks und anklickbare Karten

Entscheidend für die Navigation im World Wide Web sind Hyperlinks und mit der Maus anklickbare Karten. Unter Hyperlinks versteht man farbig unterlegte Text-

---

HTTP

HTTP (Hyper Text Transfer Protocol) bildet als sehr einfaches und effizientes Internet-Protokoll die Grundlage der Kommunikation zwischen Clients und Servern auf dem World Wide Web. Es ist ein offline-Protokoll, das jede Client-Anfrage separat behandelt, ohne Informationen über den Client zwischen den Anfragen zu behalten. Sobald der Server eine Anfrage von einem Client erhält, liefert er die Informationen. Bis eine neue Anfrage kommt, findet keine weitere Kommunikation zwischen Client und Server statt.

Die tatsächliche HTTP-Verbindung dauert normalerweise nur einige Millisekunden. Den Rest der Zeit nehmen Verbindungsaufbau und Übertragung in Anspruch.

stellen auf den Web-Seiten. Sie enthalten die Adressen (URLs) von anderen Web-Seiten auf der gleichen oder einer beliebig anderen Seite im World Wide Web. Ein Klick darauf genügt, und man kommt sofort zu der neuen Seite.

2. Netscape: die Killerapplikation des Internet

Netscape ist ein Web-Browser. Es stellt die Dokumente, die es auf dem World Wide Web findet, auf dem Bildschirm dar und bietet Navigationsfunktionen, damit man sich im World Wide Web bewegen kann.

Die meisten Seiten, die von Anbietern im World Wide Web erstellt werden, sind für die Ansicht mit Netscape optimiert.

Netscape steht in Versionen für Windows und Apple Macintosh zur Verfügung; es ist zur Zeit noch Freeware bzw. wird mit den Clients von Online-Diensten und Providern zusammen ausgeliefert.

Die Firma Netscape, die im Sommer 1995 nach einer spektakulären Börseneinführung plötzlich über eine Milliarde US $ wert war, steht heute im Mittelpunkt der Software-Entwicklung für das WWW. Geschäftsführer Marc Andersen, der auch maßgeblich an der Entwicklung des Vorläuferprodukts für den jetzigen Konkurrenten Spry Mosaic beteiligt war, besaß über Nacht ein Aktienvermögen von 75 Millionen US $.

Bedienung von Netscape

Die Bedienung von Netscape ist denkbar einfach, sie entspricht der in Windows allgemein üblichen Bedienungsweise mit der Maus. Über die Menüleiste können alle wichtigen Funktionen abgerufen werden, die Navigation geschieht durch Klick auf die Hyperlinks, eine Knopfleiste erlaubt das Vor- und Zurückspringen zwischen den geladenen Seiten.

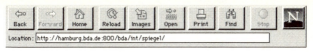

Menüleiste von Netscape.

3. Kultur im WWW

Für Interessierte hält das Internet auch ein vielfältiges Kulturangebot bereit: Der Louvre beispielsweise lädt ein zum virtuellen Rundgang, SONY publiziert die Tourdaten seiner Stars und Gruselfreaks finden eine Auswahl von Werken des Schweizer Alien-Schöpfers H. R. Giger. Nach Ihrem Lieblingsthema suchen Sie auf einer der Search Engines. Eine gute Startpositon sind auch die vielen »best of«-Seiten, die regelmäßig die besten Angebote im Internet zusammenstellen.

Publikationen

Das deutsche Nachrichtenmagazin Der Spiegel ist bereits seit Oktober 1993 auf dem World Wide Web vertreten – damals war dies noch eine echte Pioniertat. Heute unterhält er eines der besten deutschen Angebote, indem er einen Großteil der aktuellen Texte per WWW verfügbar macht. Man findet ihn unter http://www.spiegel.de.

4. Shopping im WWW

Das World Wide Web hat sich zu einem riesigen Einkaufsparadies entwickelt. Sie können dort alles kaufen, was das Herz begehrt.

Einige riesige Electronic Malls bieten ein überaus reichhaltiges Sortiment, andere Anbieter spezialisieren sich auf Produkte und Dienstleistungen. Man kann Zeitungen abonnieren, Blumengrüße versenden, Automobilklassiker kaufen, ja es gibt sogar ein Auktionshaus auf dem Internet, wo Artikel versteigert werden.

Bezahlt wird üblicherweise mit Kreditkarte, Mastercard (= Eurocard), auch VISA oder American Express werden gerne akzeptiert.

Electronic Cash

Digitale Kommunikation stellt natürlich besondere Anforderungen an das Zahlungsmittel. Die Sicherheit steht dabei im Vordergrund. Aus diesem Grund bieten einige Unternehmen seit kurzem Digicash (Digital Cash) an, eine Art elektronisches Guthaben, das man bei allen teilnehmenden Anbietern benutzen kann. Informationen dazu sind erhältlich unter http://digicash.support.html.

5. Informationssuche im WWW

Da es keine zentrale Verwaltung für Internet und damit auch World Wide Web gibt, existiert natürlich auch kein zentraler Katalog, der alle Dokumente enthält. Statt dessen hat man verschiedene elektronische Kataloge entwickelt, die Web-Seiten nach Themen geordnet präsentieren. Vier der bekanntesten Kataloge sind folgende: der CERN W3 Katalog, der WIC (Whole Internet Catalogue), Lycos, das größte Verzeichnis im World Wide Web und schließlich Yahoo. Letzterer stellt dem Benutzer außerdem eine Search-Engine zur Verfügung, wo nach beliebigen Stichworten innerhalb der Yahoo-Datenbank gesucht werden kann. Nach der Eingabe eines Suchbegriffs stellt Yahoo eine Web-Seite mit dem Suchergebnis (Anzahl der gefundenen Stichworte) und einer Auflistung der ersten zehn Ergebnisse zusammen.

Ideale Ausgangspunkte für das Web-Surfing sind auch Spider, Robots und Worms, die das Web nach neuen Seiten absuchen und die Informationen in einer Datenbank hinterlegen, die dann abgefragt werden kann. Manche Spider suchen nach Stichworten auf Web-Seiten bzw. deren Hyperlinks.

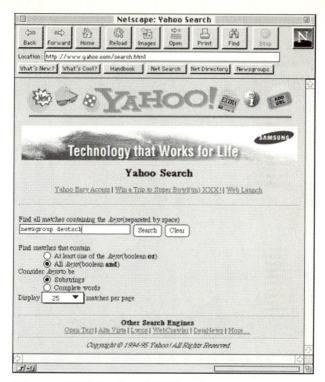

Yahoo: ein WWW-Katalog mit 14 Hauptthemen und einer Search-Engine.

Für deutsche Web-Surfer stellen LEO (Link Everything Online) und WEB.DE Kataloge zur Verfügung. Hier findet man Links vieler deutschsprachiger Web-Sites aufgelistet. Anhand der Kataloge kann man auch das Wachstum des Internet verfolgen. Pro Monat kommen hunderte neuer Web-Seiten dazu, so daß es sich lohnt, regelmäßig »vorbeizuschauen«. Manche Kataloge bieten auch die Möglichkeit, Adressen eigener WWW Seiten zu hinterlegen. Große Kataloge wie Yahoo bearbeiten täglich hunderttausende von Anfragen.

WEB.DE: ein deutschsprachiger Katalog im World Wide Web mit der Möglichkeit zur Stichwortsuche. Von hier aus gelangt man zu Tausenden deutschen Angeboten aus allen Bereichen.

Nachrichten

Aktuelle Nachrichten aus der ganzen Welt bieten auch die Web-Server der großen Zeitungen, Magazine und TV-Sender.

Nachdem die klassischen Medien erkannt haben, daß das Internet die Zukunft der Kommunikation entscheidend mitprägt, beginnen sie nun in zunehmendem Maße, Teile ihrer Services auch über WWW-Server zugänglich zu machen.

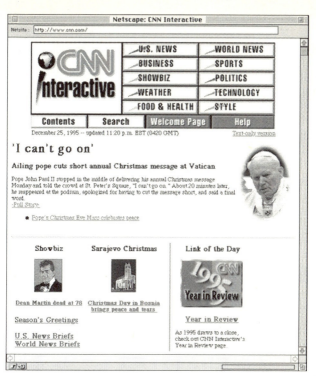

Homepage des amerikanischen Nachrichtensenders CNN im World Wide Web.

6. Informationen im WWW anbieten

Der einfachste Weg zur eigenen Web-Site führt über CompuServe. So stellt der Online-Dienst jedem seiner Mitglieder ein Megabyte für eine eigene, individuelle Web-Site mit beliebigen internen sowie Links zu externen Seiten zur Verfügung.

Darüber hinaus bietet CompuServe mit der Homepage Wizard auch Software, um die Web-Seiten zu erstellen, ohne vorher einen HTML (Hyper Text Markup Language) Kurs nehmen zu müssen.

Professionelle Anbieter, die größere Datenmengen unterbringen müssen und Formulare (z. B. um Bestellungen entgegenzunehmen) integrieren wollen, benötigen einen Provider. Alle Provider erstellen Konzepte, um die Webpräsenz für ihre Kunden intern oder extern zu realisieren.

Extern bedeutet, daß der Server beim Kunden steht und über Dial-Up oder eine Festverbindung aus dem Internet zu erreichen ist. Dafür benötigt man einen eigenen Server sowie Software, um die Web-Site zu verwalten und die Zugriffe der Clients zu bearbeiten. Die Palette reicht von der preisgünstigen Shareware oder gar Freeware bis zu professionellen (und entsprechend teuren) Systemen wie Netsite Professional (von Netscape) oder den Webforce-Produkten von SGI.

IV. Auf der Suche nach Informationen

Im folgenden werden einige Systeme vorgestellt, die ein gezieltes Suchen nach bestimmten Themen in der gewaltigen Datenmenge erlauben.

Gopher

Der Gopher ist ein leistungsfähiges Suchsystem, das an der University of Minnesota entwickelt wurde. Es besteht heute aus einer Reihe von Gopher-Servern, die auf der ganzen Welt installiert sind. Hier sind die Titel von Millionen von Dokumenten indiziert abgelegt. Wer etwa nach dem Wort »Barbados« sucht, erhält eine lange Liste von Dateien, in deren Titel der Name Barbados vorkommt. Mit Software-Tools wie Veronica können mehrere Gopher gleichzeitig durchsucht werden. Gopher

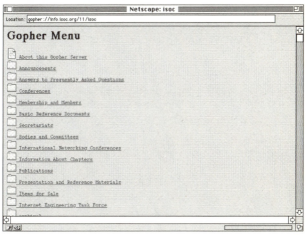

Gopher-Menü: Startpunkt für Explorationen im »Gopher Space«. Ein Klick auf die Ordnersymbole öffnet verschiedene Verzeichnisse, wo man eine Vielzahl an Dateien zu den verschiedensten Themengebieten herunterladen kann.

ist in jedem Fall eine Tür zum »ursprünglichen« Internet, durch die man an viele interessante Informationen gelangt, die normalerweise kaum zugänglich wären. Wer beispielsweise eine Urlaubsreise plant, wird bunte Tourismus-Informationsseiten von Barbados auf dem WWW oder auf AOL finden.

Im sogenannten Gopherspace, also dem gesamten von Gopher durchsuchten Bereich, erhält man Hintergrundinformationen zu wirtschaftlichen, politischen und sozialen Themen. Auch im Gopherspace kann man surfen: Man startet mit einem Suchbegriff, der einen interessiert, und folgt Gopher, der in der Regel überraschend viele anknüpfende Themengebiete und Anregungen bietet.

WAIS-Datenbanken

Wide Area Information Server (WAIS)-Datenbanken werden auch zu Recherchen eingesetzt. Im Gegensatz zu Gopher sind die Texte hier voll indiziert. WAIS-Datenbanken sind für tiefergehende Recherchen geeignet – oder wenn Sie genau wissen, wonach sie suchen.

Archie

Der Dienst Archie hilft bei der Suche nach Software. Meist wird dazu ein sogenannter Archie-Server angesteuert, der sich dann (fernbedient) auf die Suche nach dem gefragten Programm macht. Dieses kann man meistens kostenlos auf den eigenen Rechner kopieren.

FTP-Dateitransfer

FTP steht für File Transfer Protocol, und bezeichnet einen Internet-Dienst, der die Übertragung von Dateien zwischen FTP-Servern und -Clients ermöglicht. Gopher- und WAIS-Suchabfragen verweisen oft auf FTP-Sites, auf denen die gesuchten Dateien liegen. Mit Anonymous FTP kann man Daten aus den öffentlichen Bereichen der meisten FTP-Server herunterladen. Auch aus dem World Wide Web heraus kann auf FTP-Server zugegriffen werden, die Adresse des URL (Uniform Ressource Locator) beginnt dann mit FTP://. Heruntergeladen wird einfach per Doppelklick auf den Link der gewünschten Datei. FTP-Server sind, genau wie andere WWW-Seiten, Gopher-Menüs etc., über Hyperlinks zu erreichen.

V. Newsgroups

Newsgroups heißen die Diskussionsrunden im Usenet, einem Netzwerk, das aus verschiedenen Computern auf der ganzen Welt besteht und zum Teil auch mit dem Internet verbunden ist. Sie ermöglichen den freien Austausch von Gedanken und Meinungen zu allen beliebigen Themen.

> Forum für Information und
> Meinungsaustausch

Der Name der Newsgroup ist meist Programm: alt.motorcycle etwa beschäftigt sich mit dem Motorradsport und alt.zen mit Zen-Buddhismus.

Der Ablauf ist denkbar einfach: In jeder Newsgroup gibt es eine Reihe von Themen, die mit einer Frage oder einem Diskussionsbeitrag beginnen. Sobald man sich in die Newsgroup eingeloggt hat, sieht man die Überschriften der Beiträge und kann sie entweder alle oder nur diejenigen, die einen besonders interessieren, durchlesen. Meldet man sich mit einem eigenen Beitrag zu Wort, so nennt man dies »posten«.

Das Net beherbergt zur Zeit etwa 25.000 solcher Newsgroups – ihre Zahl verdoppelt sich jährlich. Um eine bessere Orientierung zu gewährleisten, sind die Newsgroups nach Kategorien und Themen sortiert. Diesem Prinzip folgt auch der Aufbau der Foren in CompuServe.

Für Einsteiger empfiehlt es sich, eine Newsgroup zu einem Thema, an dem man interessiert ist, herauszusuchen und die bisherige Diskussion zu verfolgen.

Newsgroups lassen sich zudem im WWW direkt aus Netscape heraus ansprechen. Viele Sites haben Links auf Newsgroups. Auch die meisten Online-Dienste unterhalten Verbindungen zum Usenet.

Beispiele für Kategorien und Themen	
Kategorie	*Anzahl der Themengebiete*
Alternative Newsgroup (alt.*)	614
Business and Commercial Newsgroups (biz.*)	19
Computers and Computer Science Newsgroups (comp.*)	80
USENET News and Informational Newsgroups (news.*)	14
Recreational and Hobby Newsgroups (rec.*)	61
Science and Research Newsgroups (sci.*)	52
Social Issues and Socializing Newsgroups (soc.*)	25
Talk/Debate and Issues Newsgroups (talk.*)	11
Biology-related Newsgroups (bionet.*)	36
Christian discussion newsgroups (christnet.*)	3
FidoNet-Echoed Newsgroups (fido.*)	35
HIV-issues Newsgroups (hiv.*)	24
Arts & Humanities Newsgroups (humanities.*)	2
E-Mail Systems and Related Newsgroups (mail.*)	22
TNet (GERNAMY) Newsgroups (t-netz.*)	101
(Regional) Deutschland (GERMANY) Newsgroups (de.*)	27
(Regional) EuNet (Europe Net) Newsgroups (eunet.*)	18
(Regional) German-language Newsgroups (ger.*)	5

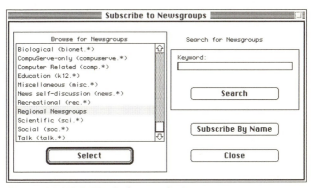

Unter »GO USENET« findet man die Newsgroups im CompuServe.

FAQs – häufig gestellte Fragen

FAQs (Frequently Asked Questions) sind Sammlungen von Fragen und Antworten, die von den meisten Newsgroups erstellt und laufend fortgeführt werden, um Neulingen den Einstieg in die Thematik zu erleichtern und den gutunterrichteten Teilnehmern die immer gleichen Fragen der Newcomer zu ersparen. Deswegen ist das Lesen der FAQs, die zudem eine gute Übersicht über die behandelten Themen geben, beim Abonnieren einer neuen Newsgroup obligatorisch.

Eine komplette Gesamtübersicht aller Newsgroup FAQs findet man auch auf dem World Wide Web unter http://www.cis.ohio.state.edu/hypertext/faq/usenet/FAQ-List.html. Für die Recherche nach bestimmten Themen in Newsgroups bietet sich der Deja News Usenet Search Service an unter http:/www.dejanesws.com. Die Abfrage läßt sich durch verschiedene Filter verfeinern. FAQs gibt es natürlich nicht nur für Newsgroups, auch WWW-Server bieten sie zu ihren jeweiligen Themen an.

Spaß und Unterhaltung

Die alternativen Newsgroups bilden eine eigene Kategorie, die sich »alternativen« Themen verschrieben haben. Man könnte sie als eine Art elektronischen Stammtisch bezeichnen, wo man alle Themen diskutieren kann, die einen interessieren.

Netikette – korrektes Verhalten im Internet

Netikette nennt man die Regeln für das Miteinander im Internet. Zehn klassische Grundregeln wurden von Arlene H. Rinaldi formuliert. Sie betreffen hauptsächlich die Kommunikation in Newsgroups, per E-Mail oder die Diskussionen bei Chat-Runden.

Möchte man Emotionen in E-Mail, Newsgroups oder IRC (Internet Relay Chat)-Runden zeigen, bedient man sich der Tastatur. Die Gefühle werden von einem aus Zeichen und Buchstaben zusammengesetztes Gesicht, dem sogenannten Emoticon oder *Smiley* ausgedrückt – man erkennt das Bild, wenn man den Kopf auf die linke Schulter legt. Sie werden häufig am Ende eines Absatzes eingesetzt – und sind nicht zu ernst zu nehmen.

Beispiele für Smileys

:-)	=	Standard Smiley
:-(	=	Unglücklicher Smiley
:-C	=	Wirklich unglücklicher Smiley
;-)	=	Zwinkernder Smiley
[:-)	=	Smiley mit Walkman
:-b	=	Streckt Zunge heraus
l-O	=	Gähnender Smiley
[]	=	Umarmung
I-J	=	Benutzer schläft

Flame Wars

Ein zwielichtiges Phänomen auf dem Usenet ist das Flaming, worunter man das Beschimpfen und Lächerlichmachen eines anderen Usenet-Teilnehmers versteht. Die Gründe für das Entstehen von Flame-Wars sind vielfältig, ihre Auslöser können relativ gering sein und dann wochenlange Auseinandersetzungen nach sich ziehen. Eine Steigerung des Flaming stellt das Bombing dar, bei dem Tausende von E-Mails an den Teilnehmer gesandt werden, um dessen Briefkasten zu verstopfen. Dadurch entstehen dem Betroffenen sowohl Kosten als auch erhebliche Schwierigkeiten.

VI. E-Mail: digitale Kommunikation

Electronic Mail, wörtlich übersetzt elektronische Post, nennt man einen Bereich im Internet, worin sich Teilnehmer persönlich Nachrichten zusenden können.

1. Vorteile von E-Mail

E-Mail hat viele Vorteile gegenüber der klassischen Kommunikation per Post oder Fax: Es ist bequem, preiswert, schnell und umweltfreundlich. Eine Nachricht erreicht den Empfänger meist innerhalb einer halben Stunde – egal wo auf der Welt er sich befindet. E-Mail eignet sich nicht nur für kurze Botschaften, auch Dateien, z.B. längere Texte, Fotos, Audio- und Video-Daten, können so verschickt werden. Ein elektronisches Adreßbuch speichert die Adressen Ihrer wichtigsten Kommunikationspartner. E-Mail wird meist offline, also ohne die direkte Verbindung zum Internet geschrieben und bei der nächsten Sitzung verschickt. Für professionelle Anwender gibt es eine Reihe von Mail-Programmen, z.B. Eudora und Claris E-Mailer, die die gesamte Online-Korrespondenz verwalten. Das Programm wählt beispielsweise täglich zu einer bestimmten Uhrzeit alle Online-Dienste und Internet-Provider an, bei denen man eine Mail-Adresse hat und sammelt alle Mails in einen gemeinsamen Eingangskorb. Ebenso wird natürlich auch die Post verschickt, die man zwischenzeitlich geschrieben hat. So kann man, offline und damit ohne Telefonkosten, in Ruhe seine Korrespondenz lesen und beantworten.

2. E-Mail als Killerapplikation

E-Mail ist wie Netscape eine echte Killerapplikation des Internet. Es bietet die schnellste und preiswerteste Art, schriftlicher Kommunikation. Auf den meisten WWW-Sites befindet sich unten die Adresse des Webmasters, ein Mausklick darauf genügt, um eine E-Mail abzuschikken. Auch Bewerbungen auf elektronische Stellenanzeigen, Leserbriefe an den Spiegel und viele andere Medien kann man heute mit E-Mail versenden. Und anders als bei »klassischer« Post erhält man sogar oft eine Antwort im elektronischen Briefkasten.

E-Mail dürfte in der Zukunft das Telefax vollständig ablösen. Der einzige Grund für die Kommunikation über Telefax besteht heute noch darin, daß einer oder beide Partner nicht über eine E-Mail-Adresse verfügen. Die Texte können per E-Mail direkt aus dem PC, Bilder oder andere Vorlagen gescannt an beliebige Ansprechpartner in aller Welt verschickt werden. Auf diese Art erreichen sie den Empfänger in viel besserer Qualität und auf Wunsch auch in Farbe.

3. Internet-Adresse

Eine Internet-Adresse vergibt der Provider oder der Online-Dienst. Sie besteht aus dem Benutzernamen (oder Kürzel) sowie der elektronischen Adresse des Providers: User@domain.

Bei Online-Diensten ist die Adresse die Benutzer-ID, bei CompuServe eine Nummer. Die des Verfassers lautet 100446,257. Bei American Online kann man einen Namen wählen. Online-Dienste verfügen über Mail-Gateways zum Internet, die CompuServe-Adresse für Mails aus dem Internet würde demnach Nutzer 100446.257@compuserve.com lauten.

4. Gateways für Internet und Online-Dienste

Um zwischen dem Internet und Online-Diensten kommunizieren zu können, muß die E-Mail-Adresse der

Teilnehmer entsprechend modifiziert werden. Eine Übersicht der wichtigsten Adreßzusätze bei der Kommunikation zwischen Internet und Online-Diensten fin-

Wichtige Adreßzusätze für die Kommunikation zwischen Internet und Online-Diensten

Vom Internet zu
CompuServe

	UserID@compuserve.com
America Online/AOL	UserID@aol.com
T-Online	UserID@t-online.de
eWorld	UserID@eworld.com

Von CompuServe zu
Internet

	INTERNET:UserID@domain
America Online/AOL	UserID@aol.com
T-Online	UserID@btx.dtag.de.
eWorld	UserID@eworld.com

Von America Online/AOL
zu Internet

	INTERNET:UserID@domain
CompuServe	UserID@compuserve.com
T-Online	UserID@Bts.dtag.de.
eWorld	UserID@eworld.com

Von T-Online zu
Internet

	INTERNET:UserID@domain
America Online/AOL	UserID@aol.com
CompuServe	UserID@compuserve.com
eWorld	UserID@eworld.com

Von eWorld zu
Internet

	INTERNET:UserID@domain
America Online/AOL	UserID@aol.com
T-Online	UserID@btx.dtag.de.
CompuServe	UserID@compuserve.com

> **Diskussion per E-Mail: Mailinglists**
>
> Mailinglists sind – ähnlich wie Newsgroups – Diskussionsforen, wobei der Meinungs- und Informationsaustausch per E-Mail stattfindet, auch hierbei können Diskussionen zu beliebigen Themen abonniert werden.
>
> Diskussionen und Teilnehmer werden von sogenannten Listservern verwaltet.
>
> Zu jeder Mailinglist gibt es eine E-Mail-Adresse für Bestellung und Kündigung der Abonnements sowie eine zweite Adresse, wohin die Beiträge für alle Abonnenten geschickt werden.

den Sie in der aufgeführten Tabelle. Weitere Hilfe stellt der Inter-Network Mail Guide auf dem WWW zur Verfügung (http://www.nova.edu/Inter-Links/cgi-bin/inmgp.pl). Hier erhält man genaue Informationen, wie E-Mail von bzw. an Mitglieder aus über 50 Online-Diensten und Netzen verschickt werden kann.

VII. IRC: Internet Relay Chat

IRC lautet der Oberbegriff für live veranstaltete Diskussionen auf dem Internet über das Internet Relay Chat System.

Hier treffen sich Internet-User aus der ganzen Welt, um sich über alle denkbaren Themen zu unterhalten. Für die Teilnahme benötigt man entweder eine eigene Software (z. B. IRC4WIN für Windows). Seit neuestem ist dies sogar aus dem World Wide Web heraus möglich. Das WWW integriert zunehmend alle Dienste, es erlaubt einen einfachen intuitiven Zugriff und ist leicht anzuwenden.

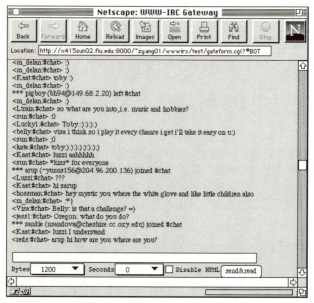

Am IRC kann man auch aus dem World Wide Web heraus teilnehmen. So stellt sich die Online-Plauderei zwischen verschiedenen Teilnehmern im Web-Browser dar.

VIII. Online-Dienste

Online-Dienste wie CompuServe, AOL (America Online) oder das Microsoft Network (MSN) sind eine weitere Facette des Net. Im Gegensatz zu der chaotischen Struktur des Internet sind die Informationen in Online-Diensten organisiert und strukturiert. Sie unterhalten Hotlines zur Benutzerunterstützung.

Viele Hersteller bieten ihren Kunden Service und Support für Software und Hardware. Zahlreiche kommerzielle Anbieter verkaufen Waren und Dienstleistungen online. Online-Dienste haben ihrerseits eine Verbindung zum Internet, so daß alle Teilnehmer der verschiedenen Dienste miteinander kommunizieren können. Über einen Internet-Gateway, eine Schnittstelle zum Internet, ist es möglich, daß Benutzer der Online-Dienste mit Internet-Benutzern (auch anderen Online-Diensten) über E-Mail kommunizieren können.

Online-Dienste im Überblick		
	Anwender gesamt	*in Deutschland*
CompuServe	3.500.000	150.000
America Online	4.000.000	im Aufbau
Prodigy	1.600.000	–
T-Online	–	1.000.000
eWorld	100.000	im Aufbau
MSN	im Aufbau	im Aufbau
Europe Online	im Aufbau	im Aufbau
AOL Deutschland	im Aufbau	im Aufbau

1. CompuServe

Der amerikanische Online-Dienst CompuServe besteht bereits seit 1979 und ist somit der Älteste unter den Anbietern. Die inzwischen 3,8 Millionen Mitglieder haben

Zugang zu über 3.000 Datendiensten, Kommunikationsdiensten und Verbraucherinformationen. CompuServe schuf 1989 als erster Anbieter einen Zugang zum Internet. 1991 gründete es eine deutsche Niederlassung und bietet schon lange Foren und Services in deutscher Sprache an. Einwahlknoten mit 14.400 Baud stehen in Berlin, Bremen, Dortmund, Düsseldorf, Hamburg, Köln, München, Nürnberg und Stuttgart zur Verfügung, in Hannover und Karlsruhe Knoten mit 9.600 Baud, in Frankfurt mit 28.800. Aufgrund der weltweiten Präsenz von CompuServe ist es auch der ideale Online-Dienst für Vielreisende. Mit dem Befehl GO PHONES können alle weltweiten Einwahlknoten abgerufen werden.

Grafisches Hauptmenü des CompuServe Information Managers.

In allen Hard- und Software-Foren informieren Mitarbeiter von mehr als 700 international renommierten Hard- und Software-Unternehmen über den optimalen Einsatz ihrer Produkte. Besonders nützlich ist der technische Kundendienst im CompuServe-Netz. Fragen kann man direkt an die Mitarbeiter in den jeweiligen

Foren stellen, sie werden meist innerhalb von 24 Stunden beantwortet. Diese Firmen unterhalten auch Software-Bibliotheken, so daß Updates und Treiber direkt von dort heruntergeladen werden können.

»Computer«-Oberfläche bei CompuServe.

Auf CompuServe finden sich auch eine Reihe von Computerzeitungen und Magazinen, Rezensionen von neuen Produkten, interessante Shareware und Freeware und nicht zuletzt natürlich auch aktuelle Nachrichten aus der Szene. CompuServe informiert seine Mitglieder mit einem eigenen Magazin in englischer Sprache. Eine seiner Stärken sind die Zugangsmöglichkeiten: Über 500 Einwahlknoten stehen weltweit zur Verfügung.

Folgende weitere Services in deutscher Sprache gehören zu den Highlights im CompuServe-Netz:

Nachrichten, Wetter, Sport

Die deutsche Presseagentur (GO DPAKURZ) bringt Kurznachrichten in deutscher Sprache. Der Spiegel (GO SPIEGEL) veröffentlicht Teile seiner Montagsausgabe bereits ab Samstag, die Neue Zürcher Zeitung findet man unter GO ZUERCHER.

Computer Hard- und Software-Support
Vertreten sind u.a. die Unternehmen

Aldus	GO ALDUSNEU
Claris	GO DCLARIS
Fast Electronic	GO FAST
IBM	GO OS2UGER
Lotus	GO LOTGER
Microsoft	GO MSCE
miro Computer	GO MIRO
Prisma GmbH	GO PRISMA
Tobit Software	GO TOBIT
Toshiba	GO TOSHIBA
Vobis	GO VIBIS
Ziff-WINDOWS	GO GERWIN

Wirtschaft und Finanzen

Ihre Dienste bieten an: die Deutsche Firmendatenbank, Kreditreform, Dun & Bradstreet Deutschland, der Hoppenstedt Verlag und WER GEHÖRT ZU WEM? Wer sie in Anspruch nimmt, muß jedoch zusätzliche Gebühren entrichten.

GO BDIGERIND	BDI ist ein Verzeichnis von über 20.000 Exportunternehmen und ihren Produkten in Deutschland.
GO CREFDEU	Creditreform – eine der größten Informationsquellen zu Unternehmen in Deutschland.
GO ECONOVO	Alle Konkursmeldungen aus dem Bundesanzeiger im Volltext.
GO ECOREG	Alle Handelsregistereintragungen im Volltext.
GO HOPPDEU	Online-Verzeichnis mit mehr als 70.000 Informationen über Unternehmen.
GO HOPPWIRT	Verzeichnis deutscher Hersteller von mechanischen Maschinen.

GO WERZUWEM Informationen über Besitzverhältnisse von über 10.000 deutschen Firmen.

Reisen

Die Fahrplanauskunft der Deutschen Bahn AG findet sich unter GO BAHN. EASY SABRE und WORLD-SPAN Travelshopper bieten weltweite Fluginformationen und einen Buchungsservice (auch für Hotelzimmer und Mietwagen) in englischer Sprache. Der ABC-Hotelführer enthält eine Aufstellung von über 25.000 Hotelanlagen in aller Welt mit ausführlichen Informationen und Preisen. Eine Reihe weiterer Reisedienste bietet Informationen rund ums Reisen.

Lexikon

Das Große Bertelsmann Universallexikon ist auf CompuServe enthalten und unter GO BEPLEXIKON abrufbar.

Shopping

Mit GO MALL führt CompuServe in ein elektronisches Einkaufszentrum. Man wählt und bestellt direkt am Bildschirm, bezahlt mit Kreditkarte und läßt sich die Ware nach Hause schicken. Die Angebote sind in Gruppen wie Autos, Bücher, Zeitschriften etc. unterteilt.

Diverses

Für Spielfreaks gibt es ein großes Angebot an Online-Zeitvertreib, von Air Traffic Control bis zur Zombiejagd in Fantasy-Rollenspielen.

Im CB-Simulator läßt es sich mit Mitgliedern auf der ganzen Welt online kommunizieren, auch hier stehen verschiedene Themenbereiche (Kanäle) zur Verfügung. Eine Übersicht verschafft man sich mit GO CBFORUM.

CompuServe Software

CompuServe stellt den CIM (CompuServe Information Manager) seinen Mitgliedern kostenlos zu Verfügung (wahlweise als Windows oder Apple Macintosh Version). Man findet ihn auf vielen CDs, immer wieder auch als Diskettenbeilage von Computermagazinen. Es lohnt sich, dazu auch die Dokumentation mit kompletter Bedienungsanleitung zu bestellen.

Für Profis gibt es den CompuServe Navigator, der eine Reihe von Funktionen enthält, um den CompuServe-Besuch so effektiv wie möglich zu machen.

Technische Probleme, z. B. bei der Softwareinstallation, beantwortet eine CompuServe-Hotline telefonisch zwischen 9.00 und 19.00 Uhr unter 01 30/37 32 (Verkauf), und 01 30/86 46 43 (Technik).

Eigene WWW Homepage

CompuServe-Mitglieder können kostenlos eine eigene Homepage im WWW publizieren. Die Erstellung erfolgt mit dem »Home Page Wizard«, der auch das Heraufladen der Seiten zu Compuserve durchführt (GO HPWIZ). Dort finden sich auch alle weiteren Informationen zu diesem Service.

CompuServe	
CompuServe GmbH, 82008 Unterhaching	
Beratung und Hotline: 01 30/86 46 43	
Gegründet	1979
Mitglieder weltweit	3,8 Millionen
Einwahlknoten weltweit	> 500
Mitglieder Deutschland	150.000
Einwahlknoten in Deutschland	14
Kosten pro Monat (inkl. 5 Freistunden)	15 DM
Jede weitere Stunde	4,50 DM
Valueplan:	
Kosten pro Monat (inkl. 20 Freistunden)	20 US $
Jede weitere Stunde	1,95 US $

2. T-Online

Nach BTX und Datex-J ist T-Online jetzt der dritte – und erfolgversprechendste – Anlauf der Deutschen Telekom, den hauseigenen Online-Dienst zu vermarkten. Nachdem die Ergebnisse lange Zeit (BTX startete bereits 1981) weit hinter den Erwartungen zurückblieben, soll T-Online nun die Wende bringen. Die Startposition wäre nicht schlecht, da T-Online mit fast einer Million Mitgliedern bei weitem der größte Online-Dienst in Deutschland ist.

Zudem erlaubt der neue Standard KIT eine interessantere Seitengestaltung als der alte Cept-Standard, der jahrelang mit der bekannten Klötzchen-Computerschrift die Monitore der BTX-Anwender beherrschte.

Zur Zeit gibt es ca. 2.500 Anbieter mit 5.400 Leitseiten und 600.000 Seiten. Außerdem kann man über T-Online auf über 500 externe Rechner mit weiteren 2.100 Anbietern zugreifen. Ein Großteil der etwa 15 Millionen Anrufe monatlich gelten dem Homebanking, es werden mittlerweile eine Million Online-Konten verwaltet.

T-Online bietet ebenfalls Internet- und WWW-Zugriff mit einer lizenzierten Netscape-Version. Der Aufpreis liegt hier bei zehn Pfennigen pro Minute. Weil T-Online überall zum Ortstarif zu erreichen ist, sind diese Gebühren im ländlichen Raum durchaus günstig.

Homebanking per T-Online

Ein wichtiger Grund für eine T-Online-Mitgliedschaft ist die Möglichkeit des Homebanking. Dies spart nicht nur Zeit und Gebühren, sondern ist obendrein ein besonders bequemer Weg. Noch nutzen erst 2,5 Prozent aller Bankkunden diesen Service, was sicherlich auch teilweise mit der zögerlichen Annahme dieser Möglichkeit durch die Banken zusammenhängt. So bietet die Volksbank-Zentrale in Frankfurt bereits seit vier Jahren diesen Service an; Rückfragen bei den Zweigstellen zeigten jedoch, daß die Schalterbeamten nicht über das nötige Know-how verfügten. Dies soll sich 1996 erheblich ändern. Einige große Banken gründen sogar eigens Tochterunternehmen (Deutsche Bank = Bank 24 etc.), um sich Anteile auf diesem lukrativen Markt zu sichern. Der Kostenunterschied ist beträchtlich: Eine reguläre Buchung kostet die Bank ca. zwei D-Mark, eine elektronische Buchung per T-Online dagegen nur zehn Pfennige. Berücksichtigt man darüber hinaus die Betriebskosten der Bankzweigstellen, so zeigt sich, daß eine elektronische Bank ungleich wirtschaftlicher arbeitet.

T-Online	
Deutsche Telekom AG, 53175 Bonn	
Beratung und Hotline für Interessenten: 0130/0190	
Beratung und Hotline für T-Online Anwender: 0130/5000	
Gegründet	1982
Mitglieder weltweit	
Mitglieder Deutschland	1.000.000
Einwahlknoten in ganz Deutschland	1.910
Kosten pro Monat	8 DM
Zusätzliche Gebühren pro Minute nach 18 Uhr	2 Pf.
Zusätzliche Gebühren pro Minute vor 18 Uhr	6 Pf.
Zusätzliche Gebühren pro Minute/Internet	10 Pf.

3. AOL

AOL nennt sich der deutsche Ableger des amerikanischen Online-Dienstes America Online. Obwohl erst 1985 gegründet, handelt es sich hierbei um den Service mit dem aggressivsten Marketing in den USA und dem größten Wachstum. AOL hat in den USA bereits über vier Millionen Mitglieder und überflügelte damit alle anderen Online-Dienste. Die Freigiebigkeit, mit der AOL in den USA Disketten zu den Magazinen beilegte und auch verschickte, ist legendär.

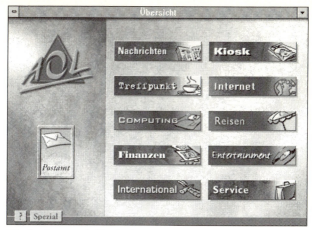

Die Stärken von AOL – in den USA wie in Deutschland – liegen in der lockeren grafischen Gestaltung und im vielfältigen deutschsprachigen Angebot.

Mitte 1995 begann AOL nach und nach auch den europäischen Markt für sich zu erobern. Der deutsche Ableger ist ein Joint Venture mit dem Bertelsmann Konzern, offiziell startete dieser Service im Dezember 1995. Derzeit ist die Client-Version nur für Windows verfügbar, eine Apple Macintosh Version soll jedoch bald nachfolgen. Im deutschsprachigen Teil gibt es bereits eine Reihe von Anbietern.

Der Erfolg ist vor allem auf die Möglichkeiten von Bertelsmann zurückzuführen – einem der größten Medienkonzerne der Welt mit über 57.000 Mitarbeitern in 200 Firmen, darunter allein 40 Buchverlage sowie Fernsehsender, Zeitschriftenverlage und Musikverlage, die auf 40 Länder verteilt sind.

Das Programm richtet sich insbesondere an private Teilnehmer und bietet eine Vielzahl von Angeboten in den Bereichen Unterhaltung, Information und Kommunikation.

Nachrichten

Der AOL News Service bringt Meldungen, Berichte und Fotos der Deutschen Presse-Agentur (dpa) aus den Themenbereichen Politik, Wirtschaft, Unterhaltung, Sport, Vermischtes sowie umfängliche Wetterinformationen, z. B. Citywetter, Straßenwetter und Wintersport.

Außerdem sind die TOP NEWS DES TAGES und ein stündlicher Nachrichtenüberblick abrufbar.

Durch die integrierte Internet- bzw. World Wide Web-Schnittstelle können AOL-Benutzer auch schnell einen Blick über den »Bertelsmann-Zaun« werfen.

Kiosk

Am Kiosk erscheinen – wie nicht anders zu erwarten – eine Reihe von Medien aus der Bertelsmannfamilie, z. B. GEO aus dem hauseigenen Verlag Gruner+Jahr sowie P.M. (Peter Moosleitners interessantes Magazin) und Oskar's, ein deutsch-amerikanisches Jugendmagazin.

Im AOL-GEO etwa findet man neben Reportagen, einem Schwarzen Brett und dem GEO-Shop die WWW-Verbindung zur GEO Seite im Internet.

Viele weitere WWW-Pointer verweisen auf Web-Sites von anderen Anbietern. Interessant sind auch die Angebote des US-Mutterservers, z. B. TIME-Magazin, New York Times und Business Week. Wer etwa eine Kleinanzeige aufgeben will, um eine Au-Pair-Stelle in New York zu suchen, ist hier an der richtigen Adresse.

Internet

Dies ist die Schnittstelle zum Cyberspace, von wo aus man einen Großteil aller Angebote des Internet nutzen kann: WWW, Newsgroups, FTP und Gopher. In der Sektion Fragen & Antworten gibt es eine Reihe von Informationen für Internet-Newcomer.

Mit einem Klick auf World Wide Web wird der AOL Web-Browser geladen und führt einen zur AOL-Homepage. Von dort aus sind beliebige Exkursionen im Cyberspace möglich. Weil der AOL-Browser sich der »Turboweb«-Technologie bedient, die die Übertragung der Web-Seiten beschleunigt, und außerdem die AOL-Knoten mit 28.800 bps ausgestattet sind, ist dies momentan eine der schnellsten Verbindungen mit dem World Wide Web.

Treffpunkt

Einer der Bereiche, der AOL stark gemacht hat, ist die Möglichkeit zum ungehinderten zwischenmenschlichen Gedankenaustausch in den unzähligen Chat-Foren. Man wählt aus einer Reihe von »Räumen« einen aus und gerät mitten in eine Diskussion – mehr oder weniger verrückt – manchmal interessant, manchmal aber einfach nur langweilig.

Computing

Unter diesem Stichwort findet man PC-Spiele, Soft- und Hardwareforen, Software-Archive und die Gelegenheit, sich über all das mit Interessierten auf Computing-Foren und über Computing-Chat auszutauschen. Hier erscheinen auch AOL-Ausgaben der Computermagazine PC-Welt und CHIP.

Reisen

Man erhält Angebote der Lufthansa und der Deutschen Bahn sowie weltweite Informationen zu ausgewählten Urlaubszielen, Cityguides und vieles mehr; zudem gibt es ein Softwarearchiv rund ums Reisen.

Finanzen

Unter anderem finden sich hier Analysen und Kommentare der Magazine Capital und Business Week. Dazu gibt es Tips und Infos für Geldanlagen, Steuern, Recht und Versicherungen.

Entertainment

Hier stehen Angebote zu Themen aus den Bereichen Kino, Musik und Fernsehen, z. B. mit WWW-Links zu den TV-Sendern VH-1 und MTV. Auch Kritiken und Informationen zu Festivals lassen sich abrufen.

International

Das ist ein Gateway zu den anderen internationalen AOL-Angeboten (z. B. in den USA, England oder Frankreich).

Service

Das AOL Helpdesk beinhaltet Informationen und Foren rund um das Thema *AOL*.

AOL	
America Online und Bertelsmann, 20459 Hamburg AOL Mitgliederbetreuung: 01 80/ 5 52 20	
Gegründet	1985
Mitglieder weltweit	4.000.000
Mitglieder Deutschland	50.000
Einwahlknoten in Deutschland	50
Kosten pro Monat (2 Freistunden)	9,90 DM
Kosten pro Stunde	6 DM

4. MSN (Microsoft Network)

Einen Quantensprung in bezug auf Betriebssysteme erreichte Microsoft mit dem neuen Betriebssystem Windows 95. Die Benutzeroberfläche ist in vielen Details dem Apple Macintosh nachempfunden und sicherlich keine originäre Microsoft-Erfindung, doch bietet Windows 95 als erstes System eine komplette Integration von Internet-Anwendungen. Die Technologie, die bislang noch eine hohe Hemmschwelle für viele Anwender darstellte, rückt völlig in den Hintergrund. Mit der Installation des Systems ist jeder Anwender sofort in der Lage, online zu gehen. Ein Web-Browser wird aber erst mit dem Windows-95-Plus-Paket mitgeliefert. In Deutschland beschränkt sich der Internet-Zugang derzeit noch auf das Verschicken von E-Mails und auf Usenet-Newsgroups. Mitte 1996 soll schließlich der volle Zugang realisiert sein.

Da das Betriebssystem bei neuen PCs oft bereits installiert ist, sind seitens des Anwenders meistens keinerlei Vorarbeiten mehr zu leisten. Gerade diese Verbindung von Betriebssystem und Online-Diensten macht viele Anbieter nervös, da sie befürchten, daß Microsoft eine marktbeherrschende Stellung bei den Betriebssystemen ausnutzt, um den Markt der Online-Dienste im Sturm zu erobern. Und genau das hat das Unternehmen aus Redmond auch vor.

Ob dies gelingt, steht jedoch auf einem anderen Blatt: Zur Zeit befindet sich das *Microsoft Network (MSN)* noch in der Aufbauphase; in Deutschland wurde bekanntgegeben, daß das MSN zukünftig im Internet erscheinen wird (wie Europe Online und eWorld).

5. eWorld

eWorld nennt sich der Online-Dienst von Apple. Insider witzelten lange Zeit, das »e« stehe für »empty« und bezogen sich dabei auf die recht spärlichen Inhalte und Angebote.

MSN	
Gegründet	1995
Mitglieder weltweit	525.000
Kosten pro Monat	14 DM
(inkl. 2 Freistunden)	
Zusätzliche Kosten pro Stunde	7,50 DM

Apple hat wie Microsoft die Konsequenzen gezogen und eWorld von einem kümmerlichen Online-Dienst zu einer guten WWW-Site weiterentwickelt.

Unter http://www.eworld.com findet man nun viele interessante Angebote rund um den Apple Macintosh.

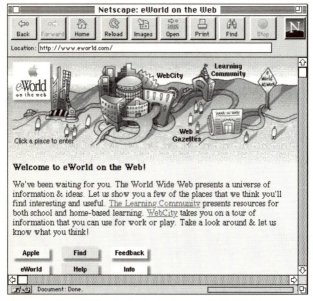

Hauptmenü von eWorld, dem hauseigenen Online-Dienst von Apple.

6. Europe Online

Auf der Homepage von *Europe Online (EOL)* werden Informationen aus vier Großbereichen angeboten:

- News
- Kommunikation
- Service
- Entertainment

Europe Online kann über das WWW erreicht werden. Manche Angebote sind jedoch Mitgliedern vorbehalten.

News

In dieser Rubrik findet man die wichtigsten Nachrichten aus aller Welt, Aktuelles aus Sport und Business, Börsenkurse, Wettermeldungen, das tägliche Horoskop und vieles mehr.

Mit Hyperlinks können dabei Querverbindungen zu weiteren Nachrichten hergestellt werden oder man kann sein Wissen vertiefen, indem man weiterführende Schlagworte abruft.

Das Business Magazin informiert ausführlich über Wirtschaftsthemen, gibt Börsentips, bietet Nachrichten zu Anlagen und Versicherungen an und schafft eine eigene Job-Börse (jeden Donnerstag).

Kommunikation

Über die Rubrik Kommunikation kann man in Foren und Chats mit anderen Usern in Kontakt treten, Anregungen austauschen, kostenlose Kleinanzeigen schalten oder E-Mail versenden.

Service

Die Rubrik Service bietet Zugang zur Shopping-Abteilung von EOL, die aus Sicherheitsgründen teilweise über ein separates Netz abgewickelt wird. Telebanking ist bislang allerdings erst angekündigt, soll aber bald realisiert werden.

Der Netscape-Browser von EOL ist entsprechend vorkonfiguriert, so daß der Übergang dem Benutzer nicht auffällt.

Entertainment

Die Sparte Entertainment enthält diverse Online-Magazine. Sie bringen wöchentlich aktualisierte Informationen und Berichte in den folgenden Foren.

»Focus Online« präsentiert die wichtigsten Nachrichten und Berichte des Printmagazins Focus, ergänzt sie um aktuelle Tagesberichte und vernetzt sie durch Hyperlinks mit anderen Informationsquellen.

»Movie Mag« stellt die besten neuen Kinofilme vor und enthält Hintergrundgeschichten, Berichte, Interviews, Starinfos sowie einen detaillierten Kinoplaner (jeden Mittwoch).

»Compute« behandelt computerrelevante Themen wie Spiele, Downloads und Herstellerinformationen (jeden Freitag).

Europe Online	
Beratung und Hotline: 01 80/2 31 99 50 von 7:00 bis 23:00 Uhr). Softwarebestellung: 01 30/82 32 50.	
Gegründet	1995
Mitglieder weltweit	keine Angaben
Mitglieder Deutschland	keine Angaben
Einwahlknoten in Deutschland	über Internet
Kosten pro Monat (inkl. 2 Freistunden)	9,90 DM
Zusätzliche Kosten pro Stunde	5,90 DM

»Freizeit Park« informiert unterhaltsam über alle wichtigen und attraktiven Events, Ereignisse und Termine der Woche aus Musik, TV, Entertainment, Medien, Kultur und Szenen (jeden Dienstag).

»Traxxx« nennt sich der von Burda entwickelte Online-Dienst für Reiselustige. Er bietet per Mausklick Wissenswertes für den Urlaub: Tips, Trends und Informationen aus der ganzen Welt.

IX. Internet-Service-Provider

Internet-Provider sind Firmen und Institutionen, die einen Anschluß an das Internet über Modem oder ISDN und damit die Nutzung der verschiedenen Dienste ermöglichen. Vom Dial-Up-Anschluß über Modem bis hin zu gemieteten Höchstgeschwindigkeitsleitungen gibt es eine breite Palette von Angeboten auf dem Markt. Während eine private Nutzung bereits ab einer Pauschale von 35 D-Mark pro Monat möglich ist, kann eine ISDN-Festverbindung je nach Bandbreite über 10.000 D-Mark monatlich kosten.

Nachfolgend steht eine Übersicht über die Provider-Szene in Deutschland. Bei der Auswahl ist zunächst auf den Standort zu achten, da der Ortstarif die billigste Verbindung zum Internet ist. Sodann sollte man die Angebote und Services prüfen, besonders bei professioneller (kommerzieller) Nutzung des Internet. Die Kosten errechnet man am besten anhand folgenden Modells:

Telefongrundgebühr
plus Providergrundgebühr
plus Zahl der Internet-Stunden pro Monat
mal Telefonkosten pro Stunde
plus Zahl der Internet-Stunden pro Monat
mal Providerkosten pro Stunde

1. Individual Network e.V.

Der Individual Network e.V. ist ein gemeinnütziger Verein, der ausschließlich Privatpersonen zu nichtkommerziellen Zwecken den Zugang zum Internet ermöglicht und deshalb für die private Nutzung von Internet-Diensten sehr interessant ist. Mehr als 50 lokale Betreiber (ebenfalls auf Vereinsbasis organisiert) stellen Einwahlknoten zur Verfügung. Die Kosten liegen zwischen 20 und 50 D-Mark pro Monat.

Der Zugang erfolgt physikalisch über Universitäten und auch kommerzielle Provider (EUNet, XLink, DFN), mit denen der Individual Network e.V. Rahmenverträge für die Nutzung durch Privatpersonen abgeschlossen hat.

Neueinsteiger bekommen die für die Nutzung der Internet-Dienste erforderliche Software (Public Domain und Shareware) sowie eine Anleitung für den Gebrauch. Viele Plattformen werden unterstützt, neben Windows und Apple auch weniger verbreitete Systeme wie Amiga und Atari.

Interessenten wenden sich am besten an die Vereinszentrale und fordern dort aktuelle Informationen über die Zugänge an:

Individual Network e.V.
Geschäftsstelle
Ulrich Tiemann
Scheideweg 65
26121 Oldenburg
Tel.: 04 41/9 80 85 56 (dienstags und freitags von 15.00 Uhr bis 18.00 Uhr)
Fax: 00 41/9 80 85 57
E-Mail: IN-Info«Individual.Net (Informationen)
und IN-GS@Office.Individual.Net (Geschäftsstelle)

2. EUNet

Die EUNet Deutschland GmbH ist ein kommerzieller Internet-Anbieter, der eine Reihe von Services rund um die professionelle Nutzung des Internet bereithält. Neben Dial-Up und Festverbindungen steht die Beratung bei der Umsetzung von Internet-Projekten für Unternehmen im Vordergrund.

Informationen zu EUNet und seinen lokalen Partnern gibt es bei:

EUNet Deutschland GmbH
Emil-Figge-Straße 80
44227 Dortmund
Tel.: 02 31/9 72 22 22
Fax: 02 31/9 72 11 77
E-Mail: Postmaster@Germany.EU.net

3. MAZ Internet Service Center (MISC)

Die MAZ Hamburg GmbH (Mikroelektronik Anwendungszentrum), ein von der Freien Hansestadt Hamburg gegründetes Entwicklungs- und Systemhaus auf dem Gebiet der Mikroelektronik, betreibt das MISC als Profit-Center. Mehr als 90 lokale ISCs (Internet-Service-Center) stellen Einwahlknoten im ganzen Bundesgebiet zur Verfügung. Leitungen von 64 KBit (ISDN) bis 34 MBit/sec (ATM) können geschaltet werden. Neben der Funktion als Provider bietet das MISC eine Reihe von anderen Dienstleistungen rund um das Internet.

Zusätzlich zu den professionellen Diensten gibt es bei vielen MAZ Partnern auch ein Netsurf-Angebot für private Nutzer. Für eine Pauschale von 35 D-Mark erhalten private Nutzer unbegrenzten Zugriff auf das Internet.

Informationen und eine Liste der ISCs versendet die MAZ Zentrale:

Mikroelektronik Anwendungszentrum
Hamburg GmbH
GB Internet Service Center
Harburger Schloßstr. 6–12
21079 Hamburg
Tel.: 0 40/76 62 90
Fax: 0 40/76 62 95 07

XLink

Dies ist ein Provider, der primär professionelle Anwender anspricht. Neben dem Internet-Zugang über Telefon/ISDN/X25 und ATM bietet Xlink für Unternehmen Kommunikationslösungen wie Informationsgewinnung, Mehrwertdienste und LAN-LAN-Koppelung, außerdem noch ein Schulungsangebot, das auf die Bedürfnisse des jeweiligen Kunden abgestimmt ist.

NTG/XLink
Vincenz-Prießnitz-Str. 3
76131 Karlsruhe
Tel.: 07 21/9 65 20
Fax: 07 21/9 65 22 10
E-Mail: info@xlink.net

Weitere Provider

Weitere Internet-Provider mit einer Vielzahl von Einwahlknoten in ganz Deutschland sind:

GNT (CONTRIB.NET)	NACAMAR
Bismarckstr. 142a	Kirchweg 22
47057 Duisburg	63303 Dreieich
Tel.: 02 03/3 06 17 00	Tel.: 0 61 03/96 90

X. Anhang

Glossar

Das Glossar enthält Erklärungen zu Begriffen und Abkürzungen, denen man auf der Information-Highway begegnen.

Adress Spoofing Adressenschwindel: Jemand täuscht mit einer falschen Internet-Adresse vor, ein anderer zu sein, um sich Services oder Informationen zu erschleichen.

Archie Ein Unix-Programm, das Dateien auf dem Internet findet.

ARPANET Das ursprüngliche Netzwerk wurde nach seinem Entwickler, der Advanced Research Projects Agency des US-Militärs, ARPANET benannt.

ASCII Gebäuchliches Format für Textdokumente. ASCII-Files können von allen Computern, Betriebssystemen und Programmen erstellt und gelesen werden.

Backbone Leitungsnetz mit höherer Kapazität, an das andere Netze angeschlossen sind. In Deutschland arbeiten die Backbones der ISPs mit zwei MBit, während in den USA Backbones mit bis zu 43 MBit installiert sind.

Bandbreite Ursprünglich die Differenz (gemessen in Hertz, abgekürzt Hz) zwischen der höchsten und der niedrigsten Frequenz, die durch ein Kabel gesendet werden kann. Normalerweise gibt man damit jedoch die Datenmenge pro Zeiteinheit an (in bps), die über ein Kabel (oder ein anderes Medium) transportiert werden.

Baud Gibt an, wie oft pro Sekunde in einer Verbindung ein Signalwechsel stattfindet. Sie ist nur dann gleich dem bps-Wert, wenn jeder mögliche Zustand der Verbindung ein einziges Bit darstellt.

BB (Bulletin Board) Gemeinhin auch Mailbox genannt. Mailbox-Systeme werden oft als Hobby betrieben. Konferenzen dort beschäftigen sich häufig mit Spezialthemen.

Binhex (BINary HEXadecimal) Eine Möglichkeit, Dokumente und Software in ASCII zu übersetzen, um sie per E-Mail über das Internet zu senden.

BDA (Bundes-Datenautobahn) Zusammenschluß regionaler Datenautobahnen.

BITNET (Because it is Time Network) Wörtlich übersetzt »weil es an der Zeit ist Netzwerk«: Akademisches Netz für E-Mail- und Datei-Austausch, benutzt ein eigenes Protokoll, verpackt seine Daten aber für den Verkehr per Internet in IP-Datagramme.

BPS (Bits pro Sekunde) Ein Maß für die Übertragungsgeschwindigkeit beim Datentransport über Modem oder ISDN zwischen verschiedenen Computern.

Bridge Ein Gerät, das zwei oder mehrere LANs (Netze) miteinander verbindet.

Browser Software, die es den Benutzern ermöglicht, auf das World Wide Web und dessen verschiedene Dienste zugreifen zu können.

Byte Ein Byte besteht aus acht Bits, den kleinsten Informationseinheiten auf Computern. Größenangaben für Dateien werden meist in Kilobyte (KB, 1 KB = 1.024 Byte), Megabyte (MB, 1 MB = 1.024 KB), Gigabyte (GB, 1 GB = 1.024 MB) und Terabyte (TB, 1 TB = 1.024 GB) gemacht. Die Zahl 1.024 ergibt sich aus 2^{10}, es handelt sich um ein binäres, nicht um ein dezimales Zahlensystem.

Cache Bei Web-Browsern ein Zwischenspeicher (meist auf der Festplatte) für bereits aufgerufene Web-Seiten. Bei erneutem Zugriff müssen diese dann nicht über das Netz geholt, sondern können von der lokalen Festplatte gelesen werden. Im Computer verwendet man unterschiedlichste Cache-Technologien, um Zugriffszeiten zu verringern und die Datenverarbeitung zu beschleunigen.

CERN Das europäische Forschungszentrum für Teilchenphysik in Genf, Schweiz. Es entwickelte 1989 das World Wide Web bzw. die dafür notwendigen Grundlagen.

Client Programm, das es dem Benutzer ermöglicht, die Dienste eines Servers zu nutzen: Man spricht von Web-Clients, E-Mail-Clients, Gopher-Clients, Archie-Clients etc.

Computervirus Programm, das durch verschiedene Techniken vom Benutzer unbemerkt von Datei zu Datei und von Computer zu Computer wandert, sich dort festsetzt und meist Schaden anrichtet. Häufig vermehren sich solche Viren äußerst rasant.

CPS (Character per Second) Zeichen pro Sekunde, Maßeinheit für die Geschwindigkeit von Datenübertragungen. Wenn man genau weiß, wie viele Bits bei der Übertragung für jeweils ein Zeichen stehen, kann man cps und bps ineinander umrechnen.

Cracker Menschen, die sich unerlaubten Zugang zu Computersystemen verschaffen.

CPU (Central Processing Unit) Diese zentrale Einheit eines Computers besteht aus einem oder mehreren Mikroprozessoren. Sie führt Programmanweisungen der Software aus, steuert den Datenfluß und führt Berechnungen und logische Operationen durch.

Cyberspace Ein Begriff, den William Gibson im Science-Fiction-Roman »Neuromancer« eingeführt hat: Mittels einer Konsole schließt man nach den Visionen des Autors Gehirn und Nervensystem direkt (neuronal) an das Datennetz an und bewegt sich sodann im Cyberspace.

Dial-Up Dial-Up heißt »Wahlverbindung«. Diese stellt die Internet-Verbindung bei Bedarf her und steht im Gegensatz zu einer Standleitung, bei der der Anwender eine permanente Verbindung hat. Dial-Up-Verbindungen sind der Regelfall, Standleitungen werden eingesetzt, wenn der Anwender rund um die Uhr erreichbar sein will, bzw. das Gebührenaufkommen bei Wählverbindungen zu hoch würde.

DNS (Domain Name System) Ein Verzeichnis, das auf verschiedenen Servern im Internet verteilt ist und den Zusammenhang von Host-Namen und IP-Adressen herstellt.

Domain Der letzte Teil im Host-Namen einer Internet-Adresse. Man unterscheidet thematische Domänen (wie etwa .gov für government, Regierung) und Länderdomänen (.de für Deutschland).

Download Kopieren einer Datei von einem entfernten Server auf den eigenen Computer.

E-Mail (Electronic Mail) Elektronische Post zwischen Computeranwendern auf dem Netzwerk. Das Internet erlaubt die weltweite Versendung von E-Mail. Online-Dienste haben hierfür Internet-Gateways, so daß ihre Kunden mit dem Internet und anderen Online-Diensten kommunizieren können. Über Mailinglisten kann E-Mail an eine große Zahl von Interessenten gleichzeitig verschickt werden.

FAQ (Frequently Asked Question) FAQs sind Dokumente, in denen häufig gestellte Fragen zu einem Thema beantwortet werden. Es gibt sie zu allen Themen; sie sollen den Einstieg in neue Newsgroups erleichtern.

Finger Software-Werkzeug, um Personen und deren E-Mail-Adressen auf dem Internet zu finden. Nicht alle Internet-Server erlauben Finger-Anfragen.

Firewall Abschirmung in einem Netzwerk um Bereiche auf einem Computer gegen unauthorisierten Zugriff von Benutzern aus dem Netz zu schützen.

Form Die Möglichkeit, Web-Seiten so zu gestalten, daß Besucher Dateneingaben über die Tastatur machen können. Dies kann eine simple Paßwortabfrage sein oder aber ein komplettes Formular mit beliebig vielen Eingabefeldern.

Freeware Manchmal auch Funware genannt: Kostenlose Software. Meistens sind dies kleine Dienstprogramme und Utilities. Nicht zu verwechseln mit kommerzieller Software, die zunächst flächendeckend kostenlos »zum Testen« abgegeben wird, mit dem Hintergrund, einen möglichst hohen Marktanteil zu erreichen, um dann Updates zur »Vollversion« zu vermarkten.

FTP (File Transfer Protocol) Protokoll oder Software zum

Übertragen von Dateien zwischen verschiedenen Rechnern im Internet. Viele Internet-Server haben öffentliche Bereiche, in die man sich mit User-ID Anonymous, Paßwort: E-Mail-Adresse einloggen kann, um bestimmte Daten, z.B. Software, herunter- oder heraufzuladen. Dies nennt man Anonymous FTP-Server.

Gateway Ein Verbindungspunkt zwischen verschiedenen Systemen, der die netzwerkübergreifende Kommunikation ermöglicht. Online-Dienste haben z.B. einen Internet Gateway oder einen X.400-Gateway.

Gopher Ein menüorientiertes Programm, das den Gebrauch von Bildern, Links oder anderen fortschreitenden WWW-Merkmalen nicht erlaubt. Es ist hierarchisch geordnet; bei einer Stichwortsuche muß man also mit dem Oberbegriff beginnen und sich von da aus zum Speziellen durchfragen.

Hacker Geübte Programmierer, darunter auch solche, die mit unlauteren Absichten in fremde Computer oder in verbotene Bereiche eindringen.

Homepage Die Titelseite einer Web-Site. Sie ist meist graphisch eindrucksvoll gestaltet und enthält Hyperlinks zu den verschiedenen Themenbereichen des Anbieters. Auch Privatpersonen können eine Homepage auf dem World Wide Web haben. Seit neuestem bietet auch CompuServe seinen Mitgliedern die Möglichkeit, eigene Homepages zu erstellen und auf dem Web zu publizieren.

Host In der Internet-Sprache jeder Computer mit vollem Internet-Zugriff; bezeichnet daneben auch die Gesamtzahl der Rechner eines kommerziellen Online-Dienstes.

HTML (Hyper Text Markup Language) Die Sprache, in welcher Web-Dokumente zu erstellen sind, damit sie von Web-Browsern richtig verstanden und dargestellt werden können. Basiert auf SGML (Standardized General Markup Language), einem internationalen Standard für Textbeschreibung.

HTML Editor Software zum Erstellen von HTML-Dokumenten.

Hyperlink Das Navigationsinstrument im World Wide Web. Hyperlinks sind farbig hervorgehobene Textstellen oder anklickbare Grafiken, mit denen man per Mausklick auf andere Seiten innerhalb der gleichen Web-Site oder auf andere Sites gelangen kann.

Hyper-Text Als Hyper-Text-Dokumente bezeichnet man digitale Dokumente, die über sogenannte Hyperlinks verknüpft sind. Klickt man mit der Maus ein entsprechend markiertes Wort oder Symbol an, so erhält man direkten Zugang auf die verknüpften Informationen. Das World Wide Web basiert komplett auf einer Hyper-Text-Architektur. Andere Beispiele sind etwa die Hilfeprogramme auf PCs, die auch die Möglichkeit zu Verzweigungen bieten. Hyper-Text verschafft dem Leser durch nicht-lineare Dokumentation einen gezielten, einfachen und schnellen Zugang zu wichtigen Themen.

IMHO (In My Humble Opinion) Abkürzung für »meiner bescheidenen Meinung nach«, eines der sehr häufig benutzten Akronyme in der E-Mail und in den Diskussionen auf dem Internet.

Internet Dezentrales weltweites Computer-Netzwerk.

IP-Adresse Die Internet-Protokoll-Adresse verschafft jedem Computer eine eindeutige Identität und Adresse im Internet. Sie ist eine einzigartige Nummer, die aus vier voneinander durch Punkte abgetrennten Teilen besteht, z.B. 123.456.78.9. Die meisten Rechner haben Domain-Namen, die leichter zu merken sind. Rechner, die mit dem Internet verbunden sind, benötigen eine IP-Nummer, die z.B. von den Providern vergeben wird.

IRC (Internet Relay Chat) Service für Diskussionsforen auf dem Internet. Eine Reihe von IRC-Servern sind miteinander verbunden und bieten einige tausend Kanäle, auf denen verschiedenste Themen diskutiert werden. Ähnliche Funktionen bilden das eigentliche Gerüst von Online-Diensten.

ISOC (Internet Society) Gesellschaft, welche die technische Weiterentwicklung des Internet plant und koordiniert.

ISP (Internet-Service-Provider) Unternehmen, die Teilnetze des Internet betreiben und Zugangsmöglichkeiten zum Internet anbieten.

Mailinglists Diskussionsrunden per E-Mail. Man meldet sich bei einem Listserver an und erhält fortan alle Beiträge zu dem entsprechenden Thema zugestellt. Will man selber einen Beitrag leisten, so schickt man ihn an den Server, der ihn dann an andere Teilnehmer verteilt.

Multimedia Integration verschiedener Medien wie Text, Ton, Animation, Video und Kommunikationstechnologie.

Newsgroup Diskussionsgruppe innerhalb des Internet.

POP, PoP (Point of Presence) Zugangspunkt für das Internet bzw. die lokale Zweigstelle eines bestimmten Internet-Service-Providers.

Posting Im Gegensatz zur privaten E-Mail ein öffentlicher Gesprächsbeitrag etwa innerhalb einer Diskussionsliste. Ein Posting kann jederzeit von Fremden weiterverbreitet werden.

PPP (Point to Point Protocol) Notwendig für den Verbindungsaufbau zum Internet (siehe auch SLIP).

Public Domain Software, die ohne Lizenz und somit kostenlos benutzt werden darf.

Realtime Applikationen Alle sogenannten Echtzeit-Anwendungen wie Real Audio oder Video-Conferencing. Hierbei werden zeitbasierte Daten wie Ton oder Video nicht erst heruntergeladen und abgespeichert, sondern online in Echtzeit abgespielt.

Shareware Software, die dem Benutzer kostenlos zum Ausprobieren zur Verfügung gestellt wird und für die lediglich bei Gefallen, das heißt bei regelmäßigem Gebrauch, ein Unkostenbeitrag direkt an den Software-Autor zu bezahlen ist. Hilfsprogramme und Spiele kommen häufig als Shareware auf den Markt. Shareware bezieht man meistens auf CD-ROMs oder natürlich über das Internet.

Site Alle Web-Dokumente eines Anbieters auf einem Web-Server (Beispiel: Die Daimler-Benz-Site auf dem World Wide Web findet man unter http://daimler-benz.com/). Den Eingang zur Site stellt die Homepage dar, von der aus man zu den anderen Dokumenten auf der gleichen Site sowie zu beliebigen anderen gelangt.

SLIP (Serial Line Internet Protocol) Notwendig für den Verbindungsaufbau zum Internet. TCP/IP-Datenpakete (s.u.) lassen sich damit transportieren.

Spider, Crawler, Robots, Worms Softwareprogramme, die man zum Durchsuchen des World Wide Web einsetzt. Sie basieren auf Scripts, das sind bestimmte Befehlsreihenfolgen, die immer wiederholt werden, um Routineaufgaben zu erledigen. Spiders, Robots, Crawlers und Worms probieren systematisch alle Hyperlinks auf einer Web-Seite aus und zeichnen neue, bzw. ihnen unbekannte URLs auf. Dies wiederholt sich für jede Web-Seite, die sie finden.

Tag Formatierungscode innerhalb eines HTML-Dokuments.

TCP/IP (Transmission Control Protocol/Internet Protocol) Basisprotokoll des Internet. TCP kontrolliert die korrekte Übertragung während IP Daten in Pakete aufteilt, sie mit Absender/Adressenangabe versieht und absendet.

URL (Uniform Ressource Locator) Adressierungssystem für Web-Dokumente. Es besteht aus einem Übertragungsprotokoll (etwa FTP), gefolgt von :// und der genauen Adresse des Servers.

Usenet Netzwerk im Internet, über das die Newsgroups (s. o.) transportiert werden.

Web-Server System aus Hardware, Software und Netzverbindung zur Übertragung von Web-Seiten innerhalb des Internet. Das World Wide Web ist die Summe aller Web-Server im Internet.

Web-Site Bezeichnung für die Präsenz eines Anbieters im World Wide Web, auch oft Homepage genannt. Web-Sites bestehen im Regelfall aus einer Welcome-Seite, die den Leser begrüßt und Hyperlinks zu den Themenbereichen der Web-Site bietet.

Workstation   Bezeichnung für leistungsfähige Rechner, auf denen das Betriebssystem Unix läuft, z.B. von SUN Microsystems, DEC, IBM SGI, Next. Die meisten Internet-Server sind Unix-Workstations.

WWW (World Wide Web)   Weltweites Netz von Servern mit Hypertext-Informationen, die auch miteinander verknüpft sein können. Kernservice ist die Nutzung des HTTP-Protokolls, um Hypertext-Seiten darzustellen und zu übertragen. Über WWW können aber auch Gopher, WAIS, Archie und IRC genutzt werden.

Weiterführende Literatur

December, John; Randall, Neil: World Wide Web für Insider. Haar 1995.
Fassler, Manfred; Halbach, Wulf R.: Cyberspace. München 1995.
Gelernter, David: Information Highway. München 1995.
Gilster, Paul: Suchen und Finden im Internet. München 1995.
Grigoleit, Uwe: Internet Vertraulich. Düsseldorf 1995.
Hooffacker, Gabriele: Online Telekommunikation von A-Z. Reinbek 1995.
Kehoe, Brendan P.: Zen und die Kunst des Internet – Kursbuch für Informationssüchtige. München 1994.
Krimming, Martin: Internet. Im weltweiten Netz gezielt Informationen sammeln. München 1995.
Klau, Peter: Das CompuServe Adressbuch. Bonn 1995.
Klems, Michael: Die Welt von CompuServe. Bonn 1995.
Nolden, Mathias; Franke, Thomas: Das Internet Buch. Düsseldorf 1995.
Nolden, Mathias: Online. Das Erste Mal. Düsseldorf 1995.
Pusch, Thorsten: Internet Know-how. Korschenbroich 1995.
Ramm, Frederik: Das World Wide Web. Wiesbaden 1995.
Reuter, Thomas: Online sofort. Düsseldorf 1995.
Rheingold, Howard: Virtuelle Gemeinschaft. Bonn 1995.
Sander-Beuermann, Wolfgang; Yanoff, Scott: Internet: Kurz und fündig. Bonn 1995.
Seidel, Ulrich: Elektronischer Geschäftsverkehr. Wiesbaden 1995.
Stennweg, Helge: Internet & Mac. Bonn 1995.

Stichwortregister

Anbietergruppen 20–25
AOL (America Online) 63
AOL Deutschland 12, 39, 70–74
Archie 52
ARPANET 9ff

Bandbreite **37**
BITNET 10
BTX 12, 69
Bulletin Boards **8**

Chat-Foren 25, 56, 73
Client/Server-Prinzip 17
CompuServe 12, 39, 49, 63–68
Cyberspace 72f

Datenmenge 19
Datenqualität 19
Datensicherheit 27f
Datenübertragung 7
Datex-J 12, 69
Digital Cash 45
Domain Name System 11

E-Mail (Electronic Mail) 10, 16, 21, 25, 28, 56, 58
Electronic Cash 46
Electronic Mall 45f
Elektronische Revolution 14
Europe Online 12, 76–79
eWorld 12, 75f

First Virtual Bank 28
Flaming 57
Förderprogramme der Telecom 37
FTP (File Transfer Protocol) 19, 25, 52f

Globales Fernsehen 29f
Gopher-Service 11, 19, 25, 51f

Homebanking 69f
HTTP (Hyper Text Transfer Protocol) **43**
Hyperlink 43ff, 53, 77f

Information-Super-Highway 12f
Inter-Network Mail Guide 61
Internet
– Adresse 59
– Café 40
– derzeitige Ausdehnung **15**
– Hosts (Server), Anzahl **16**
– Provider 38
– Relay-Chat 25
– Story **10f**
– Telephonie 32
– Verfügbarkeit, weltweite **7**
IRC (Internet Relay Chat) 62
ISDN 8, 36

JAVA 33

Killerapplikation 14, 58
Kryptographie 28

LAN-MAN-WAN 17f
LEO (Link Everything Online) 47f

Mailbox **8**
Mailinglists **61**
MCI Mail 11
Microsoft Network (MSN) 63, 74f
Mobile 30
Modem 8, 13, 35f

Netikette 56
Netscape-Bedienung 44
Netzwerk 30
Newsgroup 54, 55, 56

Online-Dienst 8, 39

Paßwort 39f
Provider 50, 80–83
Publikationen 45

Remote 30

Search Engines 45
Smileys **57**
Software 38f

T-Online 12, 39, 69f
Telefonanschluß 36
Transaktionssicherheit 27

Usenet 10, 19, 25, 54
User-ID 39

Video-Conferencing 32
Virtual Reality **31**

WAIS 11, 19, 25, 52
Web-Browser 44, 62, 72f
Web-Server aller Länder,
  Übersicht 22
WEB.DE 47f
Werbung auf dem Net 13, 23
WWW (World Wide Web) 11, 15f,
  19, 30, 39, 41ff
– Chat 25
– Sprachkurs **41**

Zensur 26
Zugang zum Internet 8
Zugangssicherheit 27

Verzeichnis der Grafiken, Bilder und Tabellen

Weltweite Internet-Verfügbarkeit 7; Netzwerkverbund Internet 9; Drei Meilensteine der elektronischen Revolution 15; Derzeitige Ausdehnung des Internet 15; Anzahl Internet-Hosts (Server) 16; Netzwerk Dimensionen LAN/MAN/WAN 18; Top Level Domains 20; Netscape: Welcome to the White House 21; Motive für professionelle Nutzung des Internet 23; Internet-Benutzergruppen nach Standort 24; Netzwerkverbund Internet 38; Netscape: Daimler-Benz Homepage 42; Menüleiste von Netscape 45; Netscape: Yahoo Search 47; Netscape: Web.De Das deutsche Internet Verzeichnis 48; Netscape: CNN Interactive 49; Netscape: isoc 51; Beispiele für Kategorien und Themen 55; Subscribe to Newsgroups 55; Wichtige Adreßzusätze für die Kommunikation zwischen Internet und Online-Diensten 60; Netscape: WWW-IRC Gateway 62; Online-Dienste im Überblick 63; Grafisches Hauptmenü des CompuServe Information Managers 64; »Computer«-Oberfläche bei CompuServe 65; Computer Hard- und Software-Support 66; AOL-Übersicht 71; Netscape: eWorld on the Web 76; Netscape: EO_homepage 77

Stichwort

Information und Wissen in kompakter Form.
»Die Taschenbuch-Reihe gibt knappe, übersichtliche und aktuelle Auskünfte zu den jeweiligen Themen.«
WESTFÄLISCHE RUNDSCHAU

Angst
19/4062

Autismus
19/4019

Börse
19/4008

Bosnien
19/4048

Dalai Lama
19/4067

Drogen
19/4046

EU
19/4000

Frauen im Islam
19/4041

Geheimbünde
19/4004

GUS: Völker und Staaten
19/4002

Habsburger
19/4022

Intelligenz
19/4028

30. Januar 1933
19/4016

Judentum
19/4055

Das ehemalige Jugoslawien
19/4023

Konjunktur und Krise
19/4032

Neue Medien
19/4075

Nostradamus
19/4063

Öko-Management
19/4034

Ozonloch
19/4014

Palästinenser
19/4045

Psychotherapien
19/4006

Scientology
19/4068

Wilhelm Heyne Verlag
München